1일 1페이지,

지적 교양을 위한
철학 수업

1일 1페이지,

고전 속에 숨겨진 인문학

인간의 본질에 대한, 통찰이 담긴 입문서

조이현 지음

지적 교양을 위한 철학 수업

RISE

들어가기 전에

진정한 긍정의 의미는 무엇인가?

우리는 긍정적인 사고思考에 대해서 종종 이야기하곤 한다. 삶을 대할 때, 부정적인 생각을 하는 것보다 긍정적인 사고를 하는 것이 삶을 영위하는 것에 더 도움이 된다고. 니체Nietzsche F.W 또한 긍정적인 사고를 피력했다. 하지만 그가 말하는 긍정은 우리가 생각하는 긍정적인 사고와는 사뭇 다르다. 니체에게 있어서 진정 궁극적인 긍정은, 바로 '부정不正의 긍정'이었다. 쉽게 말하여 부정의 감정을 긍정의 의식으로 전환하는 것이다.

긍정적인 사고를 전파하는 이들은 다음과 같이 말한다. "안 좋은 일이 내 삶을 스쳐도 긍정적으로 생각하자", 교통사고를 당해 다리가 부러졌다면 "그래도 목숨을 잃지 않은 것이 어디냐"와 같이 말이다. 하지만 니체에게 있어서 그것은 '진정한 긍정'이 아니었다. 그저 이 순간 나에게 들이닥친 고난과 괴로움을 타파하기 위한 '자기 위안' 정도에 불과했다고 생각했다.

지금 내가 처한 상황보다 더 최악의 상황을 상상하며, 거기까지 도달하지 않은 것으로 스스로를 위안하는, 자신이 겪은 고난을 삶의 경험치로 치환하여 체화하는 것이 아닌, 그저 '순간의 진통제' 같은 긍정이라고 생각했다. 즉 니체가 말하는 긍정이란, 내가 겪는 삶의 모든 부정을 그 자체로 긍정하는 것이었다.

우리는 쳇바퀴 같은 삶을 산다. 삶이 하나의

방향성을 가지고 앞으로 나아간다고 생각하겠지만, 늘 같은 인식의 반복 속에서 살고 있다. 행복했다가 불행하고, 희망을 품었다가 이내 좌절한다. 열망에 가득 찼다가도 다시 무기력해진다. 그리고 그 끝내 다시 행복해진다.

인식의 쳇바퀴 속에서 우리는 좋은 일들과 나쁜 일들을 반복적으로 맞이한다. 이때 나에게 들이닥친 불행을 더 최악의 상황을 상상하며 위안하는 것이 아닌, '이 불행마저도 내 삶의 일부'라고 받아들이는 것이 '진정한 긍정'인 것이다.

"끝도 없이 반복되는 이것이 바로 삶이구나, 그렇다면 다시 한번!"

내가 겪은 불행, 앞으로도 겪을 불행으로부터 고개를 돌리지 않는 것.

얼마든지 고통스러운 일이 있더라도 그 고통조차 내 삶에 받아들이는 것.

설령 행복하지 않을 나의 부정마저 그대로 긍정하는 것.

이것이야말로 니체에게 있어서 최고의 긍정 공식이었다. 그에게 삶을 살아갈 수 있게 하는 원동력은 순간의 위로 같은 것이 아니었다. 매 순간 불행을 겪는다고 할지라도 한 발자국 나아가 그 부정을 견딜 수 있는 사람으로 점점 나아가는 것이었다.

"나를 죽이지 못하는 고통은 나를 더 강하게 만들 뿐이다."

고통의 순간, 나를 천국으로 이끌 것은 순간의 위로가 아니라 한층 성장해진 나일 테니까.

떠오름

작가의 말

깨달음이 많아도 돌이킴이 없으면 가치 없는 존재가 되고, 고귀한 생각을 품고도 행하지 않으면 저속한 삶을 산다. 잘못 살아왔다고 후회하면서 여전히 잘못 살아가고 있는 모습을 보는 것처럼 절망적인 것은 없다. 그럴 때 인간은 사는 것이 두렵고 죽는 것은 무서운 암담한 처지에 놓인다. 그러한 측면에서 삶에 대한 절박함과 변화에 대한 갈급함을 가지고 이 책을 접한다면 단점을 보강함으로 장점이 부각되는 유익이 있을 것이다.

이 책은 인간의 본성과 인생의 본질에 관한 이야기다. 인간의 모습은 객관적인 시각에서, 인생은 영원의 관점에서 해석하였다. 각 편의 주제는 인간에게 부여된 보편적인 것으로 삶과 직접적으로 연관된 것들이다. 다만 현실적으로 서술하다보니 인간은 위대함이 아닌 연약함이, 인생은 찬란함이 아닌 허무함이 강조되었다. 이러한 귀결은 약점 많은 우리네 인생이 실제로 그러하기 때문이다.

그럼에도 희망이 있는 것은 인생의 파란만장함 속에서 실천의 꽃을 피우며 살고자 할 때 그 삶이 들꽃처럼 지지 않고 불꽃처럼 피어난다는 것이다. 나아가 선망의 대상이 되어 모두가 우러러 보는 고귀한 별이 된다. 이런 찬란한 영광이 당신의 삶에 서광처럼 비춰오길 소망한다.

조이현

차례

제2부 채움과 비움, 참다운 삶을 살 수 있기까지

제1부

시작과 끝,

깊은 우물로부터 생명수를 얻기까지

1

시작에서 끝을 헤아릴 수 있다면 이보다 더 좋은 시작은 없다

시작은 끝을 좌우하기에, 시작은 언제나 끝보다 중요하다. 시작은 끝을 완성할 수 있는 기틀을 마련하여 일의 경로를 완전하게 한다. 시작이 반듯하면 난관을 만나도 의지는 자연스레 끝을 향한다. 시작은 주춧돌과 같아서 과정에 위중함이 생겨도 든든히 떠받쳐 준다. 시작을 잘 도모하면 불필요한 무게를 줄여 끝에 가까워질수록 일이 수월하다. 첫 단추를 잘 껴야 마지막에 흡족할 만한 모양새가 된다. 같은 시작이라도 어떻게 출

발했느냐에 따라 결과는 확연히 다르다.

시작부터 꼬이면 일은 얽힌 걸 풀 수 없을 만큼 지독하게 엮인다. 순조롭지 못한 시작은 허술한 돌다리를 위태롭게 건너는 것과 다를 바 없다. 아무리 재능이 탁월해도 과정에서 생성되는 군더더기를 제거하지 못해 끝이 매끄럽지 못하다. 어설픈 준비에서는 어정쩡한 결과가 나올 뿐이다.

현명한 자는 철저한 준비를 통해 시작에 더 많은 공을 들인다. 끝을 빛나게 하고자 시작부터 갈고 닦는다. 이것은 역경을 이겨내는 것만큼이나 중요한 덕목이다. 준비여부에 따라 천 리 길이 헛걸음이 될 수 있고, 최상의 상태에서 최악을 경험할 수 있다. 시작부터 쓰러질 수 있고 끝에 가서 허물어질 수 있다. 끝을 염두에 두고 시작하고 시작에서 끝을 헤아린다면 이보다 더 좋은 시작은 없다.

2

희박한 가능성에서도
절박한 심정을 가지면 희망이 깃든다

희망은 내면의 결핍을 보충하는 유일한 약이다. 삶에 희망이 깃들면 실패한 어제의 나를 응원하고 꿈을 이루기까지 살아 있기를 간절히 바란다. 넘어져도 뭔가를 쥐고 일어서고 또다시 넘어질 것에 대한 염려를 망각한다. 희망은 두려움을 설렘으로 바꾸고 부족함을 만회하여 미래를 낭비하지 않는다. 그래서 인간은 고뇌할지라도 희망을 품어야 하고, 모든 것을 잃어도 희망은 놓지 않아야 한다. 뼈가 마르는 절망 가운데 살이 돋아나는 희망을 고대해야한다.

희망은 절망에 사로잡혀 소생이 불가한 자도 다시 일으켜 세운다. 희망이란 순간적인 반짝임이 아닌 지속적인 밝음이기에 희망을 품고 사는 자는 행복에 기대어 낮을 보내고, 감사에 파묻혀 밤을 맞이한다. 석양이 지는 들녘을 바라보며 내일의 따사로운 햇살을 떠올리고 칠흑 같은 어둠 속에서 내일의 광명한 빛을 고대한다. 희망을 품고 사는 자는 꺾이지 않는 날개가 있어 벼랑 끝에 설지라도 비상을 꿈꾼다.

절망은 마땅히 짊어질 가벼운 짐에서도 엄청난 삶의 무게를 느낀다. 모든 것이 낯설어 쉽게 한계에 직면하고 여간해선 자극받지 않는다. 두려움에 사로잡혀 말言은 가난하고 행동은 생기가 없어 모습이 초라하다. 절망은 인간의 모든 기능을 정지시킨다. 절망이 깊어지면 그것이 절망인지 모를 정도의 심각한 무지에 빠진다. 절망은 인간이 예상하는 것보다 더 많은 것을 파괴하며 그 끝에는 종종 죽음이 도사린다.

절망은 차원이 다른 긍정적 표식이다. 동트기 직전이 가장 어둡듯이 희망을 품기 직전이 가장 절망적인 순간인 것이다. 어긋난 희망이 악몽이 될 수도 있고 합당한 절망이 추억이 될 수도 있다. 절망에는 무익함만 있는 것이 아닌데 우울한 생각이 그렇게 만들 뿐이다. 절망은 두 가지밖에 없다. 오늘 호흡이 끊기는 것과 내일 해가 뜨지 않는다고 믿는 것이다. 이외의 것들은 다 극복할 수 있다.

절망은 낙담에서 시작된 마음의 암담함일 뿐 희망을 노래하면 어둠의 안개는 걷힌다. 그럼에도 절망은 빨리 벗어나는 것이 상책이다. 녹이 번지면 칼을 집어삼키듯이 절망이 퍼지면 삶을 집어삼킨다.

3

행복은 손이 닿는 곳에 있지 않고 마음이 미치는 곳에 있다

행복과 불행은 극단적인 것이어서 행복은 빨리 찾아와도 늦은 것이고, 불행은 늦게 찾아와도 이른 것이다. 행복은 인간이 누릴 수 있는 가장 큰 만족이며 지속되는 행복은 살아서 경험하는 천국이다. 신은 인류에게 인간답게 살아야 할 의무와 행복하게 살아야 할 의무를 동시에 주었다.

행복은 가까운 거리에서 찾으면 흔한 것이고, 시선 너머에서 찾으면 드문 것이다. 행복은 손이 닿는 곳에 있지 않고 마음이 미치는 곳에 있으며 손으로 붙들어 맬 수는 없어도 가슴에 머무르게 할 수는 있다. 행복은 뉘우침에서 얻는 것이 아닌 깨달음에서 오는 것이고, 붙잡고자 다가서는 것이 아닌 떠나지 않도록 마음에 품는 것이다.

행복을 누리는 데는 돈이 들지 않는데 사람들은 행복에 너무 많은 돈을 쓰고 있다. 그들은 무익한 것을 손에 쥐고, 허탄한 것을 가까이하며, 행복한 표정을 짓는다. 행복이 소유와 쾌락에 있다고 믿기에 하찮고 사소한 것에 둘러싸여 남모르는 기쁨을 만끽하는 세상 밖의 사람들을 비웃는다. 하지만 이들은 행복이 절정에 이를 수 없어 행복하다는 말은 할 수 있어도 참된 행복을 누릴 순 없다. 행복을 집에서 찾지 못하는 사람은 오대양 육대주를 누벼도 찾을 수 없다. 말콤 포브스Malcolm Forbes의 말처럼 '돈으로 행복을 살 수 있다고 생각하는 사람은 쇼핑 장소를 잘못 택한 것이다.' 차라리 불행 속에서 행복의 의미를 깨닫는다면 다시 찾아오는 행복을 쉽게 떠나보내진 않을 것이다.

4

기쁨도 슬픔도
그 속을 자세히 들여다보아야
실망하지 않는다

기쁨은 불시에 찾아와도 반기지만 슬픔은 예고되어도 환영받지 못한다. 슬픔에는 딸려오는 아픔의 요소가 많기 때문이다. '기쁨에는 가족이 없어도 슬픔에는 처자가 있다'라는 이탈리아 격언처럼 기쁨은 걸음을 가볍게 하지만 슬픔은 마음을 무겁게 한다. 기쁨은 가슴을 뜨겁게 해 점잖은 사람도 수다스럽게 하지만, 슬픔은 머리를 차갑게 해 의연한 사람도 몸부림치게 만든다. 그러기에 기쁨은 넓이로 가늠하고, 슬픔은 깊이로 가늠한다. 그나마 다행스러운 건 크나큰 슬픔에 빠질지라도 상황을 견디게 하는 아주 작은 기쁨은 남아 있다는 것이다.

기쁨과 슬픔은 천의 얼굴을 하고 있다. 작은 기쁨으로 씻기는 커다란 슬픔과 작은 슬픔으로 잊히는 크나큰 기쁨이 있어 서서히 솟구치는 기쁨과 갈수록 깊어지는 슬픔이 있다. 해악이 되는 기쁨과 유익이 되는 슬픔이 있기에 누려서 안 되는 기쁨과 삭혀서 안 되는 슬픔이 있고, 감춰야 하는 부끄러운 기쁨과 드러내야 하는 감격적인 슬픔이 있다.

기쁨 속에 감춰진 슬픔과 슬픔 속에 가려진 기쁨이 있기에 슬픔 속에서 맛볼 수 없는 더 큰 괴로움이 기쁨 속에도 있고, 기쁨 속에서 맛볼 수 없는 더 큰 즐거움이 슬픔 속에도 있다. 고통으로 변질된 기쁨과 기쁨으로 승화된 슬픔이 있어 정신 줄을 놓게 하는 해로운 기쁨과 마음 줄을 잡아주는 이로운 슬픔이 있다. 따라서 인간은 기쁨이든 슬픔이든 그 속을 자세히 들여다봐야 실망하지 않는다.

5

웃음 없이 시작하는 삶은 눈물로 끝난다

웃음은 행복의 자녀이다. 행복한 자의 기쁨의 근원은 웃음에 있다. 웃음은 삶의 변화를 일으킨다. 역경을 대적하고 시련을 견디게 하며 지난날의 눈물을 거둬들인다. 경직된 마음을 풀어 주고 유쾌한 기분을 불어 넣으며 행복의 그늘이 드리우도록 흡족함의 차광막을 쳐준다. 웃어야 할 때를 아는 것은 울어야 할 때를 아는 것만큼 중요하다. 웃어야 할 때 웃지 못하면 비웃음을 산다. 웃음을 억제하면 마음에 음흉함이 깃들어 간헐적으로 새어 나오는 웃음도 의심을 산다. 웃지 않으면 우는 일이 생기고 웃음에 익숙해지면 눈물이 줄어든다. 비록 웃음은 짧으나 그 파장은 길기에 웃음 없이 시작하는 삶은 눈물로 끝난다.

눈물은 슬픔의 배설만이 아니다. 눈물은 마르면서 인간의 가슴을 적신다. 눈물은 투명하게 말을 하고 분명하게 삶의 흔적을 남긴다. 웃음으로 파고들지 못하는 곳을 눈물은 파고들 수 있다. 마음 밭에 떨어지는 눈물은 변화의 씨앗이 되어 영롱한 이슬처럼 그 삶을 빛나게 한다. 가슴에서 샘솟는 눈물은 죄악을 벗게 하고 마음에서 우러나는 눈물은 의인으로 거듭나게 한다. 눈물은 더러운 마음을 씻어내고 가슴에 정결한 샘을 만들어 웃음이 고이게 만든다. 비록 눈물은 짜지만 인간은 눈물 때문에 삶의 달콤함을 맛볼 수 있다. 도둑도 눈물을 훔치면 마음을 돌이켜 그릇된 길에서 돌아선다.

6

겸손 없이
완전한 인간으로 거듭나는 것은
불가능하다

겸손은 마음속에 가장 먼저 자리 잡아야 할 덕목이다. 교만은 흔적이라도 흘려보내야 하지만 겸손은 모양이라도 뼈에 새겨야 한다. 겸손의 터득은 지혜의 터득보다 어려워 겸손 없이 완전한 인간으로 거듭나는 것은 불가능하다. 평생을 교만하게 살기는 쉬워도 하루를 겸손하게 살기는 어렵다. 인간에게 겸손보다 나은 미덕은 없기에 신은 겸손한 자에게 위대한 면류관을 씌워준다.

겸손의 미덕을 갖춘 자는 세상에서 가장 존귀

한 사람이다. 이들은 교만이 드러낸 위대함보다 겸손이 드러난 작아짐을 낫게 여기며 산다. 자신의 삶을 묻음으로 남의 삶을 드러내고, 자신의 삶을 버림으로 남의 삶을 채워준다. 공손함과 온화함으로 단장하고 친절과 양보의 격식을 갖추며 마치 존재하지 않는 것처럼 고요함의 상태를 유지한다. 이들은 의도하지 않아도 타인에게 존경을 받으며 후세에 경탄의 대상이 된다.

교만한 자는 마음의 눈이 어두워 깨닫지 못하고 의식의 눈이 가려져 보지 못한다. 이들의 교만은 은밀히 감추어도 버릇처럼 나타나고 교묘히 숨기어도 은연중에 나타난다. 그러기에 힘을 과시하고자 상대의 부족함은 깔보고 이웃의 연약함은 업신여긴다. 욕망이 꿈틀대면 남들 위에 군림하고자 하고 존귀함이 하늘에 닿길 바란다. 하지만 서늘한 가슴에선 참된 사랑과 순수한 우정이 싹트지 않아 그들 곁에는 우매한 자들이 머물 뿐, 그 삶은 쇠락의 길을 걷는다.

하늘이 오만함을 드러내 지난날의 번영은 훗날의 수치가 되고 화려했던 생애는 비웃음거리가 된다. 내디딜 발걸음이 과거의 발자취를 씻어내 기뻐했던 것은 보존되지 못하고 세월 속에 뜯겨진다. 안타깝게도 교만의 불치병을 치료할 수 있는 유일한 약은 예비된 고통뿐이다.

7

진실은 묻히는 것 같으나
홀연히 드러나고, 꺾이는 것 같으나
소리 없이 지속된다

거짓을 일삼는 자는 모략꾼과 동일한 부류이며 믿을 수 없는 존재다. 검은 음모를 하얀 미소로 감춰 천사의 발걸음으로 다가오지만 입술은 칼날처럼 번뜩이고 눈빛에선 위선이 반짝인다. 화려함으로 치장해도 본성이 고약해 속은 악취가 나고 겉은 음흉함이 맴돈다. 사시사철 악을 꾀하고 백주대낮에도 해를 끼치며 무지한 말로 이치를 가린다. 백 가지의 거짓을 말하는 것보다 한 가지의 진실을 전하는 것이 어려워 피 끓는 맹세일지라도 빈말과 다를 바 없다. 심지어 눈물조차 거짓되기에 존재가 소멸될지라도 이들에게 돌아올 산자의 눈물은 없다.

진실은 서서히 밝아옴으로 어둠을 불 밝힌다. 묻히는 것 같으나 홀연히 드러나고, 꺾이는 것 같으나 소리 없이 지속된다. 머리가 잘려도 뿌리가 견고해 실체가 드러나도 모습에 의연함이 묻어난다. 거짓의 창칼에 찔려도 중심은 꿰뚫지 못하고 삶을 할퀴어도 정신은 뜯겨지지 않는다. 진실은 도덕적 근거에 기초해서 속성이 선하기에 거짓의 일부라도 섞이지 않는 것이 참된 진실이며 그것은 일관되고 한결같아야 한다.

진실은 상황을 바꾸는 강력한 힘이 있어 어떤 진실은 신성을 모독하는 것처럼 비춰진다. 그러기에 인간은 뜨거운 진실이 밝혀지면 차갑게 대하고, 차가운 거짓을 드러내면 뜨겁게 반응한다. 진실은 동조와 지지도 끌어내지만 미움과 비난도 동반하기에 인간은 진실로 인해 종종 머리 둘 곳 없는 방랑자로 내몰리기도 한다. 그럼에도 인간은 아이와 바보처럼 진실을 말해야 한다. 진실만이 신神의 성품을 닮아갈 수 있는 유일한 방법이기 때문이다.

8

정의는 불의의 반대편에 있는 것이 아닌 진리의 한복판에 있다

정의正義는 인간이 추구해야 할 가장 드높은 이상이다. 정의는 어떤 미덕으로도 대체할 수 없는 위대한 것이며 목숨을 내주어도 아깝지 않을 가치가 있다. 정의는 강력하고도 유순하고, 뜨겁고도 따뜻하며 불의의 반대편에 있는 것이 아닌 진리의 한복판에 있다. 정의는 부르짖는 것이 아닌 드러내는 것이며 불의함 속으로 파고들되 섞여지지 않는다.

정의의 힘은 육체가 아닌 정신에서 나온다.

정의를 이룩하는데 필요한 것은 서슬 퍼런 칼이 아닌 견고한 정신의 칼날이다. 그것은 전신갑주와도 같아 약한 자도 무장시켜 불의에 맞서게 한다. 정의가 사회의 기초가 되면 불의가 닥쳐도 나라의 근간이 흔들리지 않는다. 불의가 득세하면 자유는 설자리가 없기에 샤를 보들레르Charles Pierre Baudelaire의 말처럼 '정의는 사랑보다 먼저 와야 한다.'

정의로운 자는 삶에서 의로움이 묻어난다. 불의의 재판관을 두려워하지 않고 힘을 지녀도 포악해지지 않는다. 선함을 대적하며 이를 가는 불의와 달리 시시때때로 양심에 찔려 마음을 다잡는다. 정의를 지키고자 작은 불의와도 타협하지 않고, 불의가 득세해도 의연함을 잃지 않는다. 이들은 신이 지휘관이 되어 앞에 서고, 천사는 늠름한 군사가 되어 우편에 서있으므로, 그 삶이 들꽃처럼 지지 않고 불꽃처럼 피어난다. 이들은 사라지더라도 누군가의 정신에 깃들어 여전히 과업을 이루어 나간다.

9

양심은 마음에 옳은 생각을 주입하여 옳은 행동을 이끌어낸다

정직이란 흐린 연못에서 피어나는 맑은 꽃이다. 정직한 자는 마음이 잘 가꿔져 있어 인간이 지닐 수 있는 가장 확고한 태도를 견지한다. 사소한 일에도 충성되고 작은 일에도 신실해서 아쉬움을 남기지 않는다. 어떤 상황에서도 말 바꿈이나 눈속임을 하지 않고, 매사 정직함으로 후회를 덜어낸다. 정직하지 않은 것처럼 사람에 대한 불신을 심어주는 것도 없지만 정직한 것처럼 사람에 대한 신뢰를 심어주는 것도 없다.

정직함은 말로 증명하는 것이 아닌 삶으로 증명 하는 것이다. 그 진가는 아무도 보지 않는 곳에서 나타난다. 정직함을 삶의 거울로 삼는 자는 행실이 반듯해서 처지가 궁색해도 불의의 손짓을 뿌리친다. 유혹의 속삭임을 거부하고 검은 손이 닿아도 고결함을 유지한다. 이들은 빛 가운데 거하기에 신은 이들의 가슴에 머물며 친구 삼는다. 하지만 사람들은 정직을 선망하면서도 미덕을 갖추는 것은 기피하기에 정직처럼 입에 친숙한 것도 없지만 정직처럼 삶에 낯선 것도 없다.

양심은 마음을 비추는 등불이다. 인간은 양심의 크기에 따라 내면에서 소리치는 음성을 의식하는 차이가 다르다. 그 소리가 작기도 하고, 크기도 하며 흐릿하기도 하고, 뚜렷하기도 하다. 양심을 판관으로 삼는 자는 불의 앞에 떳떳하고 양심을 심판자로 여기는 자는 삶이 온전하다. 이들의 양심은 난공불락의 요새와도 같아 죄악이 침투할 수 없어 어떤 죄도 용납하지 않는다. 사람들이 죄악의 구렁

텅이에 빠져 쾌락을 만끽할 때 양심의 가책을 느껴 세속적인 기류에 동조하지 않는다. 양심이 마음을 들여다보게 해서 옳은 생각을 주입하고 바른 행동을 이끌어 낸다. 양심이 육신의 함성보다 더 우렁찬 소리를 내며 한 점 부끄러움 없이 살게 한다. 그러기에 인간은 양심의 힘을 기르는 것이 육체의 힘을 기르는 것보다 중요하다. 양심을 팔아먹은 자들은 마음의 고삐가 풀려 천방지축 날뛰기에 신도 이들을 붙들어 맬 수 없다.

10

분별력을 잃은 인간이
자신만 옳다고 믿는 것처럼
위험한 것은 없다

독선과 오만은 결코 떨어질 수 없는 사이이다. 인간은 독선에 빠지면 오만방자하여 안하무인이 된다. 선악과 옳고 그름에 대한 분별력을 잃은 인간이 자신만 옳다고 믿는 것처럼 위험천만한 것은 없다. 이들은 생각의 폭이 좁아 광활한 넓이를 보지 못하고 이상만 드높아 깊이를 헤아릴 줄 모른다. 얄팍한 지식은 있어도 고매한 지성은 없어 식물처럼 생각하고 동물처럼 행동한다.

이들이 추구하는 삶은 인간을 이롭게 하고자

함이 아닌 인간을 뛰어넘는 것이고 출세와 명성을 넘어 누군가를 지배하기 위함이다. 이들은 차이를 인정하고 입장을 바꿔 생각하는 것을 굴욕으로 여기므로 이들에게는 조언과 훈계가 먹혀들지 않는다.

그러기에 뜻에 반하는 자들은 모독하고 경멸하며 거센 도전에는 중상모략中傷謀略으로 공격한다. 궁지에 몰리지 않기 위해 무고한 자를 벼랑 끝으로 몰아간다. 계획을 이루고자 해악을 끼치는 것을 괘념치 않고 엄청난 저항을 의식하면서도 그릇된 확신을 굽히지 않는다. 게다가 이들은 위선적이어서 그릇된 발자취를 위대함으로 포장하는 것을 서슴지 않으며 자신을 세상의 부조리를 척결하기 위한 의인으로 둔갑시킨다.

생명의 존엄성을 모르면서 누군가의 삶을 다루려고 하는 이들의 망령된 행동에 의해 인간은 고통을 경험하고 사회는 극심한 혼란을 겪는다. 인간이 저지를 수 있는 가장 큰 죄악은 이들에 의해 자행된다.

11

약함을 이기는 것이 강함이라면 강함을 이기는 것은 온유함이다

온유란 내면의 불필요한 가지들을 잘라내고 남은 고결한 줄기이다. 온유란 드러내는 것이 아닌 '나타나는 것'이어서 온유한 자는 먹구름에 뒤덮여도 홀로 빛난다. 사시사철 화평의 씨를 뿌리고 가시와 가시사이에서도 꽃을 피운다. 이들은 마음에도 뿌리가 있어 쉽게 흔들리지 않고 몸이 쇠하여도 건강한 정신이 깃든다. 무례한 자를 만나도 본성이 흐려지지 않고 상대의 시비조도 쉽게 누그러뜨린다. 마음이 멀어진 자를 돌아서게 하고 다른 사람의 지지를 쉽게 끌어낸다. 따뜻함으로 차가움을 거둬들이고 부드러움으로 강함을 다스리며 모든 사람과 더불어 화평함을 따른다. 이들에 의해 삭막한 세상에서도 나와 남이 섞여 하나의 우리가 된다.

포악이란 온유함이 결여된 마음의 상태이고 어둠의 그늘이 드리워진 악마의 멍에이다. 포악한 자는 가슴이 차갑고 마음은 딱딱하여 다정함과 정중함이 없다. 무자비함으로 삶을 표현하고 통제 못하는 힘으로 다른 사람의 삶을 지배하려 든다. 이들은 마음에 균열이 생겨 시시때때로 사나움이 분출된다. 사소한 일에도 감정이 상해 노를 발하고 강하게 보이려고 공포를 조성한다. 겁에 질린 상대의 모습에서 희열을 맛보고 두려움에 사로잡힌 창백한 얼굴을 보고 우월함을 느낀다.

상처에 소금을 뿌리고 웃는 얼굴에 침을 뱉는 것은 물론 고생이 끝난 자에게 고통이 시작되게 하는 몹쓸 짓도 서슴지 않는다. 정情이 고갈되어 일

말의 양심도 남아 있지 않은 이들은 가슴에 온유함이 깃드는 것을 삶의 위태로움으로 여긴다.

12

고집은 완고한 사람들만이 살 수 있는 그들만의 집이다

고집은 생각의 편협함과 태도의 불순함이 만나 생기는 것이다. 고집은 주장을 내세우는 것이 아닌 틀림을 바꾸지 않는 것이며 사고가 균형을 잃어 한쪽으로 치우쳐진 마음의 상태이다. 고집스러운 자는 감정이 뒤틀려 겉과 속이 다른 모순된 언행을 한다. 심지어 고집을 강직함으로 합리화시켜 성취를 위해 치러야 할 마땅한 대가라고 생각한다. 남의 옳은 말조차 무시하거나 흘려보내는 이들은 해묵은 태도를 버리지 못해 불필요한 갈등을 수시로 야기한다. 고집으로 피해를 경험하면서도 어리석음을 멈추지 못한다. 고집을 불굴의 의지로 여겨 그것에 의지하며 사는 사람일수록 모습의 불온함은 더 확고하다.

고집에 길들여진 사람은 대개 고지식하여 융통성이 없고 논리와 설득력이 약하다. 그러다보니 협상의 테이블에서 주도권을 쥐는 것은 대개 타인이다. 스스로를 신뢰하지 못하는 이들은 종종 자신의 고집에 혀를 내두르고 자신처럼 고집스러운 사람을 경멸한다. 고집이 정도가 지나쳐 만인의 혐오의 대상이 된다. 이들의 마음은 딱딱하고 질겨 그 내면에는 여지없이 독불장군이 눌러앉아 있다. 고집이야말로 완고한 사람만이 살 수 있는 그들만의 집이다.

13

신은 사람들의 충고를 통해 인간의 삶을 간섭한다

약이 몸을 이롭게 하듯이 충고는 삶을 이롭게 한다. 충고는 인간에게 환영받지 못하는 유일한 미덕이지만 받아들이면 대단히 유익한 것이다. 충고는 실패를 경험하지 않고도 교훈을 얻게 해주고 어떤 일이나 행위의 끝을 좋게 해주는 시작이다. 더 좋은 내가 되게 해주는 삶의 기폭제이고 나를 자라게 하는 영양분이다. 충고는 병든 몸이라도 건강한 정신이 깃들게 하고 비뚤어진 삶에 채찍질을 가하여 바로 서게 한다. 하지만 인간은 상황이 나빠지면 그제야 충고를 받아들인다. '꿀도 약이면 쓰다'라는 말처럼 아무리 좋은 말도 그것이 충고라면 듣기 싫은 것이 인간의 본성이다. 그러기에 충고를 받아들이지 못할 사람에게 건네는 것은 마치 시비를 거는 것과 같다. 그들은 신이 충고를 통해 인간의 삶을 간섭한다는 사실을 알아야한다.

아첨은 삶에 올가미를 치는 것이다. 소크라테스Socrates의 말처럼 '사냥꾼은 개로써 토끼를 잡지만 아첨꾼은 현혹된 말로써 인간을 포획한다.' 이들은 과장된 말에 거짓의 향신료를 교묘히 섞어 귀를 즐겁게 한다. 진지함이 깃든 의도적인 침묵을 통해 저의가 탄로 나지 않도록 거짓행세를 하는 것 또한 잊지 않는다. 아첨은 기름처럼 미끄럽고 솜사탕처럼 감미로워 그 속에 감추어진 음흉함을 찾아내기란 어리석은 자에겐 불가능에 가깝다.

아첨은 근거 없이도 마음을 달갑게 한다. 듣는 이의 가슴에 불을 질러 한없이 들뜨게 하고 너무도 유쾌하여 번뇌를 잊게 한다. 분별력을 죽여 이성을 잠들게 하고 우둔함을 부추겨 신념을 흔들리게 한다. 심지어 나쁜 사람을 좋게 생각하는 발칙한 망상을 불어 넣기도 한다. 아첨꾼은 말을 진실에 맞추지 않고 사람에게 맞춘다. 아첨꾼들이 하는 말은 상대를 위한 것 같지만, 결국 자신의 이익을 도모하고자 하는 약삭빠른 술책이다.

선함을 가장하여 면전에 다가가 더러움을 속삭이는 그들의 혀는 에덴동산의 간교한 뱀과도 같다. 하지만 약초인 것처럼 입에서 꿀 같이 내뱉은 말은 훗날 쓰디쓴 독이 되어 그들의 머리로 돌아간다. 아첨했던 날수와 연수대로 화가 그 입술에 미친다.

14

두려움에 사로잡힌 자에게
격려는 최상의 방책이다

비난의 목적은 음해와 시기심에 있다. 비난을 수완으로 여기는 자는 경쟁에서 이길 자신이 없어 공정함을 저버리고 추잡한 행동을 일삼는다. 남이 잘됨을 못 보는 고약한 성미인지라 옹졸한 가슴에선 늘 칼을 갈고 있다. 그들의 추악한 생각은 만발한 벚꽃보다 무성해 표적을 발견하면 뒷걸음질로 다가가 비난의 손톱으로 기어이 삶을 할퀴고 만다. 이들은 강하게 보이려고 험상궂은 표정으로 위세를 떨지만 실상은 용기가 없어 치졸한 겁쟁이의 삶을 산다.

비난은 잘못 뽑은 칼이지만 다시 꽂을 수 없는 치명적인 무기이다. 비난은 마음을 주눅 들게 하고 부족함을 구제불능으로 인식시켜 인간을 결정적인 순간에 나약하게 한다. 갈등의 기로에서 최악의 선택을 하게하고, 도전의 시점에서 한계임을 자각하여 단념케 한다. 겨우 버티고 있는 사람을 말로 엎어뜨리고 말의 무게로 눌러 일어서지 못하게 한다. 비난이 무엇보다 무서운 것은 무수히 뻗힌 소망의 가지를 시들게 하고 가능성의 싹을 잘라 성취의 열매를 못 맺게 한다는 것이다. 게다가 비난의 생존력은 너무도 강해 주변엔 작은 희망조차 자라지 않는다.

격려는 노를 젓고 있는 자의 등 뒤로 불어오는 바람 같아서 정신을 떠밀어 나아가게 한다. 의욕을 북돋워 활력을 불어넣고 두려움을 걷어낸 자리에 용기를 채워 상황을 견디게 한다. 격려는 발육이 멈춘 자의 성장을 촉진시켜 연어처럼 인생의 강을 거슬러 올라갈 힘을 부여하는 신비한 마력이 있다. 격려의 말을 심중에 두면 마치 힘 있는 존재가 자신을 붙들어 주는 것만 같은 특별한 느낌을 가진다. 격려는 들려지는 말을 믿게끔 하여 나를 신뢰하게 하고 맡겨진 소임을 사명처럼 여겨 혼신을 쏟게 한다.

격려에 의해 어떤 이는 자라고 어떤 이는 새로운 세계를 경험한다. 어제의 방관자가 오늘의 위대한 모험가가 되어 항해를 시작하기도 하고 평범한 자의 사소한 발걸음이 훗날 위대한 발자취가 되기도 한다. 비록 격려는 그 말이 짧아도 자신감을 길게 해주기에 두려움에 사로잡힌 자에게 격려보다 더 나은 미덕은 없다.

15

선함은 좋은 것이지만
냉철함이 결여된 선함은 매우 위험하다

속임으로 사리사욕을 채우는 자는 눈독 들이는 모든 것을 자신의 것으로 여긴다. 한 사람을 속임으로 다른 사람도 속일 수 있다는 착각에 사로잡혀 항상 시선 너머에 마음을 두고 그곳에 존재하는 먹잇감을 동경한다. 천지간에 흐뭇이 내려앉은 달빛도 탐욕스런 눈길로 바라보기에 사람들의 처지와 가련함은 안중에도 없다. 이들은 남을 속이기에 앞서 자신이 나쁜 사람이 아니라고 자신부터 속인다. 속임을 업業이라고 말하진 않아도 스스로가 밥줄로 여긴다. 이들은 남을 농락하는 것이 익숙하기에 그 말이 날숨과 들숨처럼 자연스러워 눈빛에 의도를 숨기고 욕심이 부추기는 대로 능숙하게 혀를 놀린다. 표정의 진중함으로 의심을 제거하고, 유쾌한 어조로 마음을 놓게 하며 과장된 이야기로 가슴을 부풀게 한다. 남의 살과 피를 양식 삼는 이들은 간은 비대한데 반해 양심은 지극히 쪼그라져 욕망이 들끓으면 낯을 가리지 않는다. 하지만 하늘조차 속일 순 없어 이들의 삶은 낡은 옷에 새 천 조각을 대고 깁는 것처럼 결국 기운 것이 당기어 헤어짐이 더 심할 뿐이다.

거짓에 귀를 기울이는 사람들은 대개 귀가 얇은 자들이다. 이들은 외양만 보고 실체를 들여다보지 못해 곧잘 속는다. 선량한 가면을 뒤집어 쓴 굶주린 도적들을 분별 못해 독이 묻은 미끼를 덥석 문다. 이들은 정과 이해득실에 얽매여 번민하면서도 달갑게 들음으로 여지를 남기고 빌미를 제공한다. 유혹과 제안을 뿌리치지 못해 작금의 상황을 합리화하며 금품을 넘겨주고 소유물을 저당 잡힌다. 허나 미소에 속고 눈물에 속아 돌아오는 것은 평생 가슴을 치며 흘려야 할 피눈물이다.

마음이 순진한 것과 생각이 순진한 것은 확연한 차이가 있다. 전자는 친근함을 줄 수 있지만 후자는 간교한 자들의 먹잇감을 자처한다. 지성 없이 본능만으로 살면 주변엔 노략꾼들이 호시탐탐 기회를 노린다. 그러기에 선함은 좋은 것이지만 냉철함이 결여된 선함은 매우 위험하다. 인생에서는 한 번의 '속임'도 허용돼선 안 되지만 두 번의 '속음'은 더더욱 용납돼선 안 된다.

16

불신의 싹은 아무리 물을 주어도 좋은 열매를 맺지 못한다

신뢰 없이 맺어가는 인간관계는 살얼음판을 걷는 것처럼 그 모습이 위태롭다. 신뢰의 깊이가 얕다보니 많은 시간을 함께 했어도 여전히 낯설다. 불신에 사로잡힌 자는 사람을 믿지 못해 그의 행위도 신뢰하지 못한다. 검증되고 확실한 것만 믿기에 전부에서 극히 일부만을 취한다. 아는 것을 불신하기도 하고, 모르는 것을 신뢰하는 모순을 보이기도 한다. 확신의 이정표도 의심의 눈초리로 바라보기에 신뢰를 요구하면서도 은연

중에 불신을 내비친다. 의혹이 깃들면 진실을 거부하고 거짓을 신봉한다. 심지어는 신뢰의 대상을 원한의 대상으로 취급하며 속지 않기 위해 밤낮을 바동거리며 산다. 안타깝게도 이들이 애지중지하는 불신의 싹은 아무리 물을 주어도 좋은 열매를 맺지 못한다.

신뢰는 마음과 마음을 이어주는 믿음의 끈이다. 그것은 너무도 신비로워 없는 것을 드러내고 보이는 것을 능가한다. 신뢰는 합당한 태도와 적절한 인격이 수반돼야 생성된다. 말이 아닌 마음을 믿고 강제가 아닌 자발에서 이루어져야 한다. 그럴 때 신뢰의 부피는 늘어나고 불신의 폭은 줄어 부분이 아닌 전부를 믿게 된다. 신뢰가 가벼우면 사소한 일에서도 본성이 드러나기에 굳게 믿어야 굳게 설 수 있다.

신뢰함에 있어 선행되어야 할 것은 분별력이다. 마음이 유순해도 분별력이 결여되면 기만의 희생양이 된다. 막연한 믿음은 낭패를 보기 십상이다. '설마'는 오랜 세월 너무도 많은 사람을 죽였다. 믿는 도끼도 자신의 발등을 향할 때가 있다.

17

남의 실수를 교훈 삼아 같은 실수를 범하지 않는 것이 지혜이다

실수란 대개 방심에서 온다. 눈앞의 함정을 보고도 순간 마음이 다른 곳에 가있으면 알고도 빠지는 법이다. 중요한 것은 실수 이후의 태도이다. 어리석은 자는 실수를 저지르고도 교훈을 얻지 못해 동일한 실수를 반복하지만, 지혜로운 자는 남의 실수를 교훈 삼아 같은 실수를 범하지 않는다. 한 번의 실수는 용납해도 반복되는 실수는 결코 묵과하지 않는다. 실수가 변화를 불러오는 긍정적인 결말도 낳지만 어떤 실수는 순식간에 삶을 망칠 수 있기 때문이다. 그럼에도 실수는 병가의 상사이기에 매사 신중해도 피할 수 없다. 지식이 많고 사리에 밝은 사람도 숱한 행위에 한 번의 실수는 있기 마련이다. 그들조차도 마음을 놓으면 밥을 먹다가 이가 숟가락에 부딪혀 어이없이 부러질 수 있다.

변명은 비겁으로 치장된 거짓에 불과하다. 변명은 책망 받는 것을 두려워하는 마음에서 오는 말의 성급함이다. 어리석은 자는 변명을 궁여지책窮餘之策으로 여겨 변명이 언제나 반성보다 앞선다. 실수가 드러나면 서투른 변명거리부터 찾고 큰 실수를 저지르고도 궁색한 변명을 떠벌린다. 이들은 하나의 실수를 저지르면 백 가지의 핑계를 댈 줄 안다. 변명은 상황을 악화시키고 정직함을 훼손시킨다. 실수에 대한 변명은 과오를 입증하는 명백한 고백이 되기도 한다. 셰익스피어William Shakespeare의 말처럼 '실수에 대해 변명하면 그 실수를 더 돋보이게 할 뿐이다.'

18

감사는 기쁨으로 시절을 누리는 가장 좋은 습관이다

감사하는 사람은 평범한 일상에서도 특별한 삶을 산다. 이들은 하찮게 여길 것이 없기에 귀하지 않은 것이 없고 작게 여길 것이 없기에 소중하지 않은 것이 없다. 감사를 행복에 불을 지르는 도화선으로 삼기에 어떤 형편에서도 자족하고 감사한다. 단칸방이 마당처럼 넓어 보이고 변변찮은 반찬도 입맛을 돋운다. 장미꽃의 아름다움을 보고 감사하고, 꽃이 져도 가시를 볼 수 있는 눈이 있음을 감사한다.

마음이 항상 즐겁고 유쾌하여 감사를 모르는 세인들의 풍요로움보다 더 큰 행복을 만끽한다. 이들에게 감사는 삶을 춤추게 하는 행복의 근원이자 기쁨으로 시절을 누리는 일상의 습관이다. 누구보다 감사할 것이 많아 복에 겹다고 생각하기에 이들의 마음 밭에는 불행의 씨앗이 자라지 않는다. 설령 고난의 담벼락이 앞을 가로막을지라도 감사의 장대를 이용해 언제라도 뛰어 넘는다.

불평이 잦은 사람은 모든 것이 불만족스럽다. 아름다운 장미를 보고도 곁에 뻗친 가시를 성가시게 여기고 풍성한 식탁 앞에서 마음에 들지 않는 반찬 하나를 놓고 투정한다. 나쁜 것은 쉽게 걸러내고 일시적인 만족을 주는 것은 재빠르게 삼킨다. 이들은 많은 것을 가지고 넉넉히 누려도 조금도 풍요롭지 않다. 이들의 만족은 마음에 있지 않고 눈에 있기에 보아도 족함이 없고, 무엇을 쥐어도 탐탁지 않다.

어느 날 이들에게 찾아오는 예기치 못한 불행

은 누리고 있는 것을 마땅히 여긴 것에 대한 과거의 처절한 보복이 된다. 겁 없이 쏟아놓은 불평의 말이 화근이 되어 마음을 찌르는 가시가 되고 삶을 조르는 올무가 된다. 불평을 내뱉은 입술의 기운이 자비 없이 모든 것을 앗아간다. 미국의 흑인 작가 리처드 라이트Richard Wright의 말처럼 '불평의 한마디 한마디는 당신의 집안에서 한 삽 한 삽씩 무덤 구멍을 파들어간다.'

19

인간이 분노를 다스리지 못하면 분노가 세상을 다스린다

잦은 화는 전염성이 높은 고질적 질병이다. 화는 상대방을 주눅 들게도 하지만 보통은 첨예한 대립을 낳는다. 대수롭지 않은 일이 싸움의 전초전이 되어 욕설과 멱살을 동반하고 격렬한 다툼의 포화 속으로 뛰어들게 한다. 화는 내면 낼수록 커진다. 주체할 수 없을 지경이 되면 자신의 명백한 과오를 가지고도 보란 듯이 화를 내고, 그치고 나서도 그것이 허물이었음을 깨닫지 못한다.

화를 통해 몇 번의 재미를 본 자들은 화가 문

제를 해결하는 최고의 수단이라 착각하여 마치 그것을 미덕처럼 여긴다. 화에 길들여지면 지혜를 얻지 못해 속되고 부정한 것을 가까이하기에 이들에게는 현명한 판단을 기대할 수 없다. 매사 문제를 화로 해결하겠다는 것은 어둠으로 빛을 물리치겠다는 어불성설이다.

분노는 이성理性을 내쫓고 광기를 불러들이는 파멸의 계시이다. 그래서 로마의 철학자 세네카Lucius Annaeus Seneca는 '분노는 전쟁의 아들'이라고 했다. 잦은 분노는 문명인을 야만인으로 탈바꿈시켜 정신의 기형을 낳는다. 가슴으로 헤아리기보다 머리로 판단하여 시시비비를 가리고 수가 틀리면 험악한 얼굴로 공포를 조성한다. 분노에 사로잡힌 자는 아량과 관대함이 없어 그들의 어금니는 너무도 닳아있다. 이들에게 힘이 주어지면 땅이 게걸스럽게 피를 삼키고 세상 곳곳은 무덤으로 넘쳐난다. 인간이 분노를 다스리지 못하면 분노가 세상을 다스린다.

그런 측면에서 신약 성경 〈에베소서〉 말씀은 분기탱천한 인간에게 하늘이 주는 지혜이다. '분을 내어도 죄를 짓지 말며 해가 지도록 분을 품지 말고 마귀魔鬼에게 틈을 주지 말라.'

사람이 불행해지려면
가슴에 미움이 먼저 싹튼다

미움은 증오의 반쪽이고, 증오는 혐오의 한쪽이다. 미움과 증오에 사로잡히면 행동이 천박하고 삶이 비천하다. 사랑이 사랑을 낳는 것보다 미움은 더 많은 미움을 낳는다. 우월함에 사로잡혀 추함을 증오하고, 열등감에 사로잡혀 아름다움을 증오한다. 사람이 밉다보니 상대의 그림자도 미워 보이고, 고운 짓도 얄밉게 본다. 미움이 마음의 눈을 멀게 하여 좋은 구석을 찾는 것은 불가능에 가깝다. 사람이 불행해지려면 가슴에 미움이 먼저 싹튼다.

증오는 인간을 어리석게 만든다. 증오가 습성이 되면 마음은 냉혹한 분노로 바뀌어 얼굴은 살기를 띠고 가슴은 한이 서린다. 차가운 증오는 뜨거운 사랑보다 강렬하여 '거인'의 억센 손길로도 제어할 수 없다. 증오를 오래 품으면 죄를 잉태하고 악을 부화시킨다. 증오가 한계를 넘어서면 인간의 본성은 자연스레 악을 향한다. 피 끓는 증오심을 억제 못하면 살인도 마다하지 않는다. 특정 민족의 대학살도 증오심에 사로잡힌 한 인간의 복수심에서 비롯되었다. 그러기에 증오에 사로잡힌 자는 죄의 불길을 일으키기 전에 이미 그 마음이 불타오르고 있다.

인간은 가슴에서 우러나는 사랑으로 마음에서 솟아나는 증오를 가라앉혀야 한다. 머리의 명령을 거부하고 가슴의 외침에 귀를 기울여야 한다. 증오하는 대상이 타인이 아닌, 증오를 품고 있는 자신의 마음이어야 한다. 그럴 때 인간은 덜 미워하고 적게 증오할 수 있다. 미워하는 사람을 눈에 가시로 여기는 것이 아닌, 눈에 넣어도 아프지 않을 귀중한 존재로 여길 수 있다. 사랑으로 미움을 쫓아낸 마음의 언저리에는 더 이상 죄의 그늘이 드리우지 않는다.

21

용서는 편협한 마음을 확장시키고 인간의 약한 부분을 강화시킨다

용서는 성숙한 자만이 보여줄 수 있는 인격의 극치이다. 용서는 편협한 마음을 너그럽게 하고 인간의 약한 부분을 강화시킨다. 상대를 기억하는 방법을 바꾸어 악을 사전에 퇴치한다. 용서 없이 지속되는 평안은 없기에 크게 용서하는 자만이 더 큰 자유를 얻을 수 있다. 인간에게 용서는 가시를 껴안는 것처럼 고통스럽지만 용서하지 못함은 더 괴로운 일이다. 용서하지 못하면 살아서의 고통이 죽어서도 따라온다. 용서하지 못하면 잘못 끼운 단추처럼 삶이 계속해서 어긋난다.

복수는 몸과 마음을 악마에게 내어주는 것이다. 복수하는 자는 광기가 깃들어있어 그림자만 드리워도 심장을 서늘하게 한다. 복수는 잔인무도하여 약한 인간도 포악함을 지닌 강한 존재로 둔갑시킨다. 복수에 사로잡히면 칼이 만족을 얻기까지 피를 삼키고 거기서, 흘려진 붉은 선혈을 전리품으로 삼는다. 복수는 상대의 고통이 클수록 더 깊은 희열을 느끼고 자신에게 악행을 저지른 자를 닮아가는 모순된 전철을 밟는다. 복수는 작은 살점을 잃으면 끝날 일을 팔다리까지 내주게 하므로 어떤 복수는 해를 당한 것 이상으로 참혹한 불행이다.

인간은 용서함으로 악을 선으로 이겨야 한다. 복수를 하늘에 맡김으로 손에 피를 묻히지 말아야 한다. 원수가 굶주리면 먹을 것을 주고, 목말라하면 마실 것을 주어 원수의 머리에 숯불을 놓아 견딜 수 없게 해야 한다. 용서야말로 복수에 필적하는 것 이상의 가치 있는 화끈한 응징이다. 아이작

프리드먼Isaac Friedman 의 말처럼 '가장 시원한 복수는 그를 용서하는 것이다.' 인간은 귀신이 빌어도 용서할 줄 알아야 한다.

사과는 성숙함을 부각시키는 현명한 행위이다

사과는 인격을 가늠하는 잣대이며 성숙함을 부각시키는 현명한 행위이다. 자존심 상하는 일이 아닌 자존감을 높이는 것이고, 자신의 약함을 나타내는 것이 아닌 강함을 보여주는 것이다. 인심을 잃는 것이 아닌 진심을 사는 것이고, 서둘러 갈등을 봉합함으로 대립의 확산을 막는 최고의 예방책이다. 그러기에 지혜로운 자는 시의적절한 사과를 통해 타인의 감정을 쉽게 가라앉힌다.

사과에 인색한 자들이 있다. 이들은 대게 감성이 무뎌져 보통의 사람들과 사뭇 다른 반응을 한다. 실수를 하고도 시치미를 떼고 피해를 주고도 자신이 피해자인 것처럼 선제적인 태도를 취한다. 심지어는 사과하지 않아도 알아서 이해하라는 거만한 모습도 보인다. 이들의 무례함은 상대의 마음을 격분시켜 때론 험악한 분위기를 연출한다. 듣기 싫은 소리를 들으며 사과를 강요받기도 몸싸움이 오가는 최악의 상황을 맞기도 한다.

사과는 신속함과 더불어 진정성이 깃들어있어야 한다. 사과에 필요한 것은 혀가 아니라 마음이다. 말로써 표현하는 것을 넘어 송구한 마음을 공손함으로 나타내야 한다. 진심 어린 사과는 피가 뜨거워진 분노의 사람도 순한 마음으로 바꿀 수 있다. 애매한 사과는 화를 북돋기에 분명한 사과는 구차한 변명보다 낫다. 그러기에 사과는 간헐적 행위가 아닌 지속적인 태도여야 하고 인간은 종말이 임박해도 사과를 통해 화해할 줄 알아야한다.

이러한 화해는 관계의 물꼬를 틀어 다시금 정이 흐르게 하고 냉정히 돌아선 자를 다정히 마주하게 한다.

돈은 사람을 달라보이게도 하지만 전혀 다른 사람으로 바꾸기도 한다

돈은 삶의 어려움을 해결하고 인간의 수명도 연장시킨다. 돈이 많아 생기는 근심거리보다 돈이 없어 생기는 걱정거리가 더 많아 사람들은 육신의 고단함을 자처하며 돈으로 수고를 보상받는다. 게다가 돈은 무뎌진 결심을 새롭게 하여 성취를 위한 동기를 만들어주고, 앞날에 대한 기대를 한껏 고조시킨다. 돈이 삶의 주체가 되지 않는 한 돈은 분명 유익한 것이다.

돈은 사람을 달라보이게도 하지만 전혀 다른

사람으로 바꾸기도 한다. 현명하게 돈을 벌고도 그 번 돈으로 인해 어리석어지는 사람이 세상에는 허다하다. 돈으로 아픔을 씻기보다 더 큰 고통을 주기도 하고 돈으로 선함을 나타내기보다 돈 때문에 더 큰 악행이 드러나기도 한다. 돈에 눈이 멀어 사랑을 멀리하기도 하고, 눈물을 흘리며 끝날 일도 기어이 피를 흘리게 한다. 영국의 역사학자 토마스 풀러Thomas Fuller의 말처럼 '돈은 사랑의 핏줄이자 전쟁의 핏줄'인 것이다.

이는 돈 자체가 악의 근원이 아니라 돈을 사랑하는 마음이 악의 근원이 되기 때문이다. 돈을 버는 목적이 삶의 필요를 채우기 위함이 아닌 오직 재물을 축적하기 위함이라면, 그 사람은 욕심에 종속되어 돈의 노예로 살고 있는 것이다. 악의 본성을 감춘 돈의 사탕발림에 농락당하며 죄의 휘하에 놀아나고 있는 것이다. 종종 이러한 사실을 깨닫고도 돈의 속박으로부터 벗어나지 못하는 이들은 불안의 노크 소리가 불행의 전주곡처럼 들린다.

24

가난은 교훈이 되어야지
친구가 되어서는 안 된다

부유한 자의 삶의 갈증은 빈곤한 자의 목마름보다 심하다. 여간해서는 만족할 수 없어 계속해서 들이켜야 한다. 어찌 보면 이들이 가장 빈궁한 사람이다. 어느 금언처럼 가난하다는 말은 너무 적게 가진 사람을 두고 하는 말이 아니라 더 많은 걸 바라는 사람에게 하는 말이기 때문이다. 풍요 속에 빈곤은 이들을 두고 하는 말이다.

인간은 궁핍함도 위험하지만 지나친 풍부함은 더 위험하다. 비워야 할 마음까지 부유함으로 들어차 영혼의 가난함이 깃들 공간이 없기 때문이다. 재물만을 의지하는 자는 결코 하늘에 기대어 살 수 없다. 이보다 더 허무한 인생살이는 없다. 그러기에 프랑스의 철학자 앙리 베르그송Henri Bergson의 말처럼 '부자는 빈자를 위해서가 아니라 자기 자신을 위해서 자기의 부를 버려야 한다.'

부유함의 가치는 소유에 있지 않고 적합하게 사용되는데 있다. 부富의 우월함에 사로잡혀 용도가 어긋나면 부유함의 가치는 떨어진다. 부유하게 사는 것은 합당하지만 부유함을 소유한 체 죽는 것은 부적절하다. 인간은 부유함만으로 살 수 없는 존재이기에 쌀독에 눌러앉아 배를 두들기는 쥐와는 달라야 한다.

가난을 쫓아내기 위해 사는 사람은 있어도, 가난을 좇기 위해 사는 사람은 없다. 가난을 벗어나기 위해 재물을 탐내는 사람은 있어도, 가난을 탐내는 사람은 없다. 그러기에 빈궁한 자의 주변에는 환심을 사려는 아첨꾼과 이익을 꾀하려는 사기

꾼이 몰려들지 않는다. 하지만 빈궁함으로 인해 적敵은 없지만 그 빈궁함으로 인해 벗은 적다. 가난하면 이웃도 멀리하는 법이다.

어떤 이는 가난을 무형의 재산으로 여겨 그것을 밑천 삼아 더 나은 삶을 살고자 노력한다. 가난을 대수롭지 않게 여기되 당연시하지 않고 불편으로 여기되 그대로 머무르려 하지 않는다. 누군가의 말처럼 '가난을 인정하는 일이 부끄러운 일이 아니라 빈곤에서 벗어나기 위해 노력하지 않는 것이 부끄러운 일'이기 때문이다.

가난이 지속되면 마음에도 흉년이 들기 십상이다. 아무런 희망 없이 오랜 시간 가난만 경험하는 것은 살아서 체험하는 지옥이다. 더욱이 가난이 환경에 속해있지 않고 마음에 속해 있으면 한 없이 비참해진다. 심지어 가난을 저주로 여기면 성미마저 뒤틀려 세상을 향해 복수를 꿈꾼다. 가난은 교훈이 되어야지 친구가 되어서는 안 된다.

25

허영은 지독한 악덕이자 인간에게 가장 불필요한 욕구이다

허세는 내용물 없는 전시이고 볼거리 없는 구경거리다. 허세는 뼈대 없이 지어진 집과 같아 모양 또한 위태로워 보인다. 허세를 부리는 자는 슬픔을 견디는 일보다 어려운 것이 허세를 참는 일이다. 이들은 무지에 사로잡혀 건널 수 없는 강조차 건너는 무모함도 보인다. 충동을 주체 못해 수시로 즉흥적인 상황도 연출한다. 준비 없이 거사를 치르고 채비 없이 먼 길을 떠난다. 자신의 위상을 드높일 수 있다면 벌통 속의 벌집도 건

드리고 사자의 코털도 뽑으려 든다. 거인의 흉내를 내는 난장이처럼 그럴듯해 보이려고 부단히 애쓴다. 몰락한 가문이 누더기를 걸치고도 기품을 뽐내는 것처럼 위신을 세우고자 사시사철 허황된 삶을 산다.

허영은 지독한 악덕이자 인간에게 가장 불필요한 욕구이다. 허영은 마음속 깊이 뿌리를 내리고 있어 근원을 찾아 제거하기란 불가능에 가깝다. 허영은 명성을 높이고자 하는 그릇된 욕심에서 비롯되기에 처지를 인정하지 않고 한계를 넘어서는 과욕을 부린다. 이들은 자신을 위대하게 보이기 위해 끊임없이 치장한다. 걸맞지 않는 것을 손에 쥐고 어울리지 않는 것을 삶에 단장한다. 남이 알아주지 않으면 모욕을 느껴 더 화려하게 치장한다. 이들은 처지를 인정하는 것이 자존심 상하는 일이기에 내면 깊이 들려오는 영혼의 소리도 가차 없이 묵살한다.

허영에 길들여지면 과도한 지출에 숨이 막히면서도 현상을 유지하고자 또 다른 숨통을 찾는다.

하찮은 것에 귀중한 것을 쏟아 붓고 덧없는 것을 지키기 위해 가치 있는 것을 버린다. 허영을 멀리해야 하는 이유는 외양만 화려해서가 아닌 본래의 모습을 가려 더 초라하게 만들기 때문이다. 허영에 사로잡힌 자는 겉모습이 준수해도 삶이 천박해 보인다. 이들은 자신이 원하는 삶을 사는 것이 아닌 남들이 원하는 모습을 연출하기에 급급하다. 지체 높은 사람이 되기보다 지체 높은 사람처럼 보이려 하고, 고귀한 사람이 되기보다 고귀한 사람처럼 보이려 애쓴다. 결국 이들에게 돌아오는 것은 늘어나는 빚과 근심뿐이다. 영국의 격언처럼 '허영은 꽃을 피울 수 있을지언정 열매를 맺지 못한다.'

26

만족은 삶의 기대치를 낮추는 것이 아닌 삶의 수준을 높이는 것이다

만족은 삶의 기대치를 낮추는 것이 아닌 삶의 수준을 높이는 것이다. 만족은 욕구의 충족에서 오는 것이 아닌 차원이 다른 의식에서 온다. 이러한 범주에 속한 자는 모든 것이 넉넉하게 여겨진다. 어떤 형편에서든지 자족할 줄 안다. 포만과 허기와 풍부와 궁핍에도 족할 줄 아는 일체의 비결이 있기에 삶에서 위태로움을 모른다. 일상에 원망이 스며들지 않고 일생에 무료함이 깃들지 않는다. 환경에 영향을 받지 않고 마음의 지배를 받기에 눈길 닿는 곳은 감사의 움이 트고 발길 닿는 곳은 행복의 싹이 튼다. 이들은 만족 자체가 마음에 축적된 커다란 부富이다.

욕심이 가득한 자는 결코 만족하지 못한다. 그들의 마음속은 원하는 것으로 채워져 있지 않고 오히려 비어 있기에 채워지는 만큼 부족함을 느낀다. 이들은 뻔뻔하고 염치가 없어 원하고 탐내는 것은 기어이 손에 넣는다. 양털로 모자라 양의 가죽을 벗기고 황금알로 부족해 거위의 배를 가른다. 이들의 마음에는 밑바닥이 없어 천하 만물을 소유할지라도 족할 줄 모르고 태산도 욕심 아래 메인다. 한없는 욕심과 끝없는 탐욕은 광활한 우주를 덮고도 남는다. 욕심에 삶을 저당 잡힌 자들에게 신약성경 〈야고보서〉는 그 결말을 이렇게 경고한다. '욕심이 잉태한즉 죄를 낳고 죄가 장성한즉 사망을 낳느니라.'

27

바른 습관을 길들이는 것은
좋은 가르침을 받아들이는 것보다
중요하다

습관은 행동의 겉옷이고 또 다른 천성이다. 습관은 노련한 기술자와 같아서 그것이 삶에 배면 못할 것이 없다. 습관은 행위의 반복을 통해 익혀진 행동방식이어서 태도보다 힘이 강하다. 그러기에 바른 습관을 길들이는 것은 긴요한 가르침을 받아들이는 것보다 중요하다. 삶이란 크고 작은 습관들이 얽힌 일상의 어우러짐이기에 인간의 운명은 습관을 어떻게 들이냐에 달려있다. 좋은 습관과 선천적 본능을 실천의 끈으로 묶을 수 있는 자만이 삶을 지배할 수 있다. 악습이 몰락의 앞잡이라면 좋은 습관은 형통의 길잡이이다.

잘못된 습관을 신속히 교정하지 않으면 훗날 그 습관에 정복당한다. 나쁜 습관이 삶에 고착되면 문명인도 야만인으로 전락한다. 작은 누에가 서서히 뽕잎을 먹어치우는 것처럼 사소한 습관이 점차 감각을 장악하고 몸의 기능을 약화시켜 의지까지 게걸스럽게 집어 삼킨다. 밖에서 생성된 습관이 은밀하게 안으로 잠입하여 삶을 갉아 먹는다. 지난날의 무수한 과오 속에는 언제나 그릇된 습관이 자리하고 있다. 유대인들의 지혜서 〈탈무드〉의 격언처럼 '습관은 처음에는 거미줄처럼 가볍지만 멀지 않아 밧줄처럼 탄탄해진다.'

28

술의 위험성은 술이 필요하지 않아도

다시 찾게 된다는 데 있다

술이 인간에게 기여한 공헌은 지대하다. 상처 입은 자의 아픔을 달래주고 때론 마음을 터놓게 하여 법보다 빨리 분쟁을 해결해 준다. 정신에 활력을 불어 넣어 고단한 몸과 마음을 일으켜 세우고 삶에 이는 평지풍파를 일시에 잠재워 만고의 시름을 잊게 한다. 절제만 된다면 술은 삶과 목숨을 잇는 양식과도 같은 것이며 때에 따라 한 끼보다 한 잔 술이 나을 수 있다. 그래서 선조들은 술을 약주藥酒라고 하고 백약百藥의 으뜸이라

칭송했다.

그럼에도 술은 삶의 해악 중에서 가장 치명적인 것이다. 영국의 정치가 글래드스턴William Gladstone의 말처럼 '전쟁, 흉년, 전염병, 이 세 가지를 다 합쳐도 술이 끼치는 손해와 비교할 수 없다.' 주당酒黨들은 술을 대체할 행복이 세상에 없다지만 술을 대체할 불행 또한 세상에는 없는 것이다.

인간은 술에 취하면 이성을 잃어 종종 동물이 된다. 우스개 얘기처럼 떡은 사람이 될 수 없어도 사람은 술에 취하면 떡이 된다. 주정酒酊이라는 괴물이 잠에서 깨어나 사람을 대신해 기세를 떨친다. 혈기를 돋우어 흥분을 조장하고 눈에는 괴이한 것을 보게 하여 뱀같이 물고 전갈같이 쏜다. 날카로운 혀끝에선 언성이 높아지고 거칠어진 말끝에선 육두문자가 배설된다. 소심한 자를 용사로 둔갑시키고 겁쟁이에게 담력을 주어 용맹을 떨치게 한다. 현명한 자가 독주에 비밀을 발설하고 신중한 자가 막잔에 자신의 운명을 맡긴다. 그러기에 술을 절제할 수 없는 자에게 술자리는 짧을수록 좋다. 그렇지 않으면 수치가 길어진다. 행복하려고 들이켰던 술이 되레 불행을 불러온다. 술은 근심을 사라지게 하지 않는다. 술에 취해 있는 동안만 잊게 할 뿐 깨고 나면 그 기억을 더 강화시킬 뿐이다. 술이 삶의 문제를 해결해 준다면 인간에게는 티끌만한 근심조차 없을 것이다.

술의 위험성은 술이 필요하지 않아도 다시 찾게 된다는 데 있다. 들이키며 만끽했던 즐거움의 행위가 습관을 넘어 중독으로 발전한다. 술에 살고 술에 죽는 주생주사酒生酒死가 되는 것이다. 이들에게는 술 이외에 인생의 즐거움은 없다. 술 하나만으로 만족할 수 있는 절정의 상태에 이르렀기에 오늘의 생존을 위해 술과 내일을 바꿀 수 있다. 술에 취해 있을 때만 충만한 삶을 살고 있다고 생각하고 취기가 온 몸을 휘감고 있을 때만이 세상을 견디어 낼 수 있다. 그들의 호흡과도 같은 음주는 살아 있음을 확인하는 의식儀式이며 술이 있느냐 없느

냐는 천국과 지옥의 문제이다. 이들의 손에 술병이 쥐어지지 않는 것은 죽음보다 더 괴로운 고통이다. 〈탈무드〉에 기록된 것처럼 '악마가 사람을 찾아다니기에 바쁠 때에는 그의 대리로 술을 보낸다.'

29

도박은 인생을 탕진하는 세상에서 가장 허무한 게임이다

인생에서 허무한 것들은 중독성이 강하다. 술이 그렇고 도박이 그렇다. 도박에 대한 탐닉은 푼돈을 잃고도 본전 생각에 달려들게 만들고 밑천이 떨어진 자들의 몰락을 보고도 개조의 필요성을 못 느끼게 한다. 도박에 빠진 자는 소망이 결여된 욕망만 있기에 돈을 잃으면 오기에 사로잡히고 돈을 따면 더 큰 욕심에 사로잡힌다. 적은 돈을 딴 흐뭇함에 많은 돈을 잃은 과거를 망각하고 한탕의 맛을 잊지 못해 판돈에 욕심을 보태어 요행에 운명을 맡긴다.

프랑스 격언처럼 '도박은 악마의 일과日課이다.' 인간의 숭고함이 자리 잡을 수 없는 어둠의 처소이다. 인간을 사는 대로 생각하게 만들고 상대편을 적으로 간주하여 악심을 품게 만든다. 싸늘히 식은 자신의 가슴에서 상대의 서늘함을 느끼고 기가 죽지 않도록 보다 악의적인 인간으로 변모시킨다. 그곳의 차가운 공기 속에서는 양심에 찔린 한 인간의 회한 섞인 눈물과 슬픔의 몸부림은 어울리지 않는다.

도박은 총기를 잃게 하고 살기를 불어 넣으며 인간의 본성을 변질시킨다. 마음을 추하게 하고 수준을 저하시키며 인간의 살길을 막고 갈 길을 보여주지 않는다. 쓸모없는 것을 배팅하여 가치 있는 것을 소진하게 하고 판돈보다 더 많은 것을 잃게 한다. 한 마디로 도박은 시작과 동시에 인생을 탕진하는 세상에서 가장 허무한 게임이다. 인생의 처참함을 홀로 뒤집어쓰는 쓰라린 독박이다. 도박은 인간에게 거짓과 빚을 유산처럼 남겨주되 삶은 송두리째 빼앗아 육신의 노쇠함만을 허락한다. 하지만 그 가련한 늙음조차 알아차리지 못하도록 도박장에는 거울이 없다.

30

'혹시'를 중요시하는 자는
문제의 빌미가 될 만한 작은 의혹도
관망하지 않는다

'혹시'를 중요시하는 자는 상황에 민감하다. 이들은 무사안일을 위해 냉철한 태도를 유지함에 흔들림이 없다. 이를테면 꺼진 불도 살펴보고 혹시 모를 만일의 상황을 철저히 대비한다. 문제의 빌미가 될 작은 의혹도 관망하지 않고 경험과 지식을 활용하여 수시로 점검한다. 현명한 판단으로 사실과 다른 느낌에 현혹되지 않고 어떤 상황에서도 안일한 생각을 품지 않는다. 이들은 평온함의 한복판에서도 위기를 의식해 자신과 공동체의 운명이 위험에 처하는 일이 없도록 한다. 합리적인 사고방식으로 살아가는 이들에 의해 자연이 보존되어 꽃을 피우고 세상은 버티어진다.

'설마'를 가당찮게 여기는 자는 의식이 무뎌져 있다. 이들은 사건사고에 대한 불감증으로 위험에 대한 경각심을 갖지 못한다. 이를테면 집안을 단속하기보다 인심 좋은 사람처럼 대문을 열어 놓고 세심한 주의가 요구되는 상황에서 평소와 다를 바 없는 행동으로 일관한다. 이성보다 감정이 앞서 마땅히 요구되는 책임은 도외시하고 행동은 다분히 즉흥적이다. 심지어 조짐을 한낱 기우로 여기고, 화근을 우연으로 치부하여 전부는 잊고, 일부를 생각하는 아둔함을 보인다. 비뚤어진 고정관념으로 살아가는 이들에 의해 산천초목은 잿더미가 되고, 애먼 사람의 등에 비수가 꽂힌다.

31

궁정적인 태도를 가진 자는
남들과 같은 여건 속에서도
다른 결과를 양산한다

'덕분에'라는 말속에는 긍정적인 태도가 깃들어있다. 이러한 범주에 속한 자는 핑계를 구실삼지 않고 자신이 주체가 되어 상황에 접근한다. 실패를 경험해도 많은 유익을 얻고 최악의 상황에서도 최선의 것을 찾아 삶의 자양분으로 삼는다. 불행을 확대해서 보는 어리석음을 범치 않고 상황을 점검하고 보완하여 자신을 개선해 나간다. 이들은 걸림돌처럼 보이는 디딤돌이 도처에 있다고 생각하기에 넘어진 순간에도 쉼을 누리는 차원이 다른 경험을 한다. 남들과 동일한 여건이 주어져도 매번 다른 결과를 양산한다. 심지어 불가항력적인 피해를 입어도 이성의 눈으로 사태의 추이를 지켜보며 주어진 범위 내에서 얻을 것을 헤아리고 잃을 것을 최소화하며 품격 있게 대처한다.

'때문에'라는 말은 일종의 핑계로써 상대를 부각시키고 나를 숨기는 데 사용된다. 즉, 비난의 화살을 의식해 상대에게 책임을 전가하는 것이다. 이것은 상대방이 원인을 제공했기에 자신과 무관하다는 억울함에 대한 호소이자 본인 또한 피해자임을 간접적으로 토로하는 것이다. 이러한 반응은 선제적인 공격을 통해 우위를 점하겠다는 인간의 선천적인 태도이다. 또한 상대방과 등을 돌릴지라도 일단 회피하는 것이 이익에 부합된다고 생각한 계산된 행동이다.

하지만 '때문에'라는 위장된 진실이 삶을 보호하는 본능적인 행위 같지만 실상은 자신을 헤치는 칼을 가는 것이다. 따라서 자신에 대한 엄격함이 결여된 자는 유독 잘못이 많은데 이는 '때문에'라는 잘못된 인식이 합쳐져서 생겨난 필연적 결과이다.

궁휼히 여기면 내가 가진 것을
하늘의 것으로 여기며
아낌없이 주게 된다

자비는 동정이 아닌 마음 그 자체이다. 눈길이 닿는 누군가의 삶의 틈을 파고 들어가 내 안의 따뜻한 입김을 차가운 공간에 불어 넣어 주는 것이다. 베풂과 나눔으로 누군가를 살게끔 하고 그와 더불어 피고 지는 것이다. 이러한 마음을 가진 자는 많은 필요를 채워주는 것보다 많은 사랑을 담는 것이 중요함을 알기에 그 영혼이 누구보다 자유롭다. 집착과 소유에 얽매이지 않아 한없이 주고도 부족하다고 여기고, 나누어주고도 줄어들지 않아 궁핍함을 모른다. 선한 마음으로 살아가는 이들의 삶에는 언제나 하늘의 주어짐이 있다.

궁휼은 타인의 삶 속에 나의 마음이 자리하는 것이다. 영혼의 시선으로 누군가를 바라보는 것이고 마음 문을 열고 들어가 나를 채우는 것이다. 궁휼의 가치는 불쌍히 여기는 마음에 있는 것이 아니라 도와주고 섬기는데 있다. 궁휼히 여기면 초라한 사람의 뒷모습이 눈에 들어온다. 궁휼히 여기면 내가 가진 것을 하늘의 것으로 여기며 아낌없이 주게 된다. 궁휼은 이기적인 마음에 대한 단념이며 더욱 풍성한 삶을 살기위한 현명한 처사이다. 남을 궁휼히 여기는 자만이 뜻밖에 찾아오는 불행의 기로에서 궁휼히 여김을 받을 수 있다.

33

정성이란 지극함으로
마음의 한계를 넘어서는 것이다

정성이란 지극함으로 마음의 한계를 넘어서는 것이다. 이런 부류에 속한 자들은 작은 일에도 성의를 다하고 사소한 일에도 성심을 다한다. 거쳐 가는 곳을 머무는 곳으로 여겨 어떤 상황에도 의미 없는 손길을 내밀지 않는다. 이들은 사람을 보지 않고 심정을 헤아려 손길이 닿기도 전에 따스한 눈길이 먼저 가닿아 마음의 안정을 준다. 타인의 모습에 자신을 투영하며 내면의 가득한 사랑을 아낌없이 쏟아 붓는다. 이들은 가슴을 손으로 대신하기에 감정이 무딘 자도 마음을 느낀다. 편협한 사람조차 애틋함이 깃들어 자신을 맡긴다. 이는 마음을 봄으로써 진심을 아는 것이다. 상심한 자에게 이보다 더 큰 신뢰를 주는 것은 없다.

정성을 지닌 자는 시작부터 끝까지 한결같은 마음을 가진다. 이들의 가슴에는 사계절 온기가 남아 있어 언제라도 마음을 덥혀주고 가슴을 훈훈하게 한다. 정성으로 지식을 능가하고, 경험을 넘어서며 있는 것보다 더 많은 것을 쏟아 붓는다. 헌신을 넘어서는 희생을 통해 자신을 극한으로 몰아가며 더 많이 내주고자 마음의 공간을 확장한다.

또한 최악의 상황에서도 희망의 불씨를 꺼뜨리지 않고 끝이라고 생각하는 순간에도 결코 정성을 거두지 않는다. 이들의 손길은 의술보다 더 큰 효험이 있어 천하의 명의도 못 고치는 병까지 낫게 한다. 결코 정성을 통해 감동을 낳고 감동을 통해 기적을 낳는다. 정성이야말로 땅을 딛고 있는 자가 하늘을 감동시킬 수 있는 유일한 덕목이다.

34

은혜는 받을 자격이 없는 사람일수록 값어치가 더 크게 느껴진다

은혜恩惠란 예기치 못한 풍랑 가운데 만난 안전한 포구와 같다. 자신이 대가를 치른 것에 대한 합당한 지불이 아닌 값없이 주어진 선물이다. 이러한 은혜는 받을 자격이 없는 사람일수록 값어치가 더 크게 느껴진다. 그래서 은혜 입은 자는 빛이 투과된 맑은 물처럼 마음의 속살이 훤히 드러난다. 너무도 감격스러워 기쁨을 감춰도 표정에서 나타난다.

은혜란 어둠을 응시하는 자에게 빛을 주어 삶

을 헤쳐나가게 하고 인생의 무게에 눌린 자에게 힘을 주어 견디게 한다. 이러한 은혜를 반복적으로 경험하면 삶의 태도가 남다르다. 상황이 녹록치 않아도 용기를 잃지 않고 낙심할 일이 생겨도 마음에 여유가 있다. 기나긴 고통 가운데 고도의 안식을 누리고 인생의 날이 저물어도 세월의 밝아옴을 고대한다.

이들은 사람을 대함에 있어서도 한계를 초월한다. 사랑을 받지 못해도 사랑을 주고자 하고 남이 나를 사랑하지 않아도 자신은 모두를 사랑한다. 자신을 가시로 찌른 자를 안아주고 자신을 넘어뜨린 자를 일으켜 세운다. 이는 은혜가 완전한 것이어서 그 속에 불순함이 깃들지 않기 때문이다.

은혜 입은 것을 당연시하는 것은 은혜 베푼 자에 대한 모독이다. 이러한 부류에 속한 자들은 받은 것을 남과 비교해 불만을 토로하고 갈증을 씻어준 샘을 향해 가차 없이 등을 돌린다. 이러한 행태는 은혜를 입고서도 상처를 입히는 배은망덕한 것이다.

이들이 마음에 남긴 상흔傷痕은 어떤 상처보다 깊어 그 고통이 독사에게 물린 것보다 괴롭다. 은혜는 받는 자는 기쁘지만 베푼 자는 보다 기쁘다. 은혜는 누리면서 풍요함을 알지만 되갚을 때 더 큰 풍성함을 안다. 그러기에 만물의 영장靈長인 인간은 미물인 까치보다 더 큰 은혜를 갚을 줄 알아야 한다.

35

기억해야 할 것들을 망각하면
망각해도 될 것들을 기억하며 살게 된다

과거의 경험을 마음에 간직하는 것은 대단히 중요하다. 지난날의 잘못을 개선하고 보강함으로 다가오는 세월 앞에 조금은 당당할 수 있기 때문이다. 사람은 지혜가 부족해 실패하기도 하지만 경험을 망각해 실패를 반복하기도 한다. 망각은 단점을 넘어서는 심각한 습관이어서 마땅히 기억해야 할 것을 망각하는 자에게는 위험이 도사린다. 그들은 경험에 대한 추억은 떠올려도 유념하진 못하기에 기억이 저물면 또다시 쓰라린 고통을 체험한다.

기억은 깨달음을 안으로 받아들이는 것이고 망각은 교훈을 밖으로 내보내는 것이다. 기억해야 할 것을 망각하면 망각해도 될 것을 기억하며 살게 된다. 삶의 군더더기와도 같은 불필요한 기억들로 정작 소중한 생각들이 유실된다. 망각은 경험에서 유익을 얻지 못한 사고思考의 미숙함이기에 기억하고자 하는 의식자체가 변화의 시작이 될 수 있다. 기억하는 것만으로 실패의 빗장을 풀고 삶의 물꼬를 틀 수 있다. 기억은 불행에 대한 예방적 차원이며 기억의 중심에는 언제나 기회가 머무르고 있다. 셰익스피어의 말처럼 '기억은 정신의 문지기이다.'

36

자신의 삶을 다스릴 줄 아는 자는 입부터 다스리는 법을 안다

입을 사용하는 것은 마음을 쓰는 일 만큼이나 중요하다. 입은 화복禍福의 통로여서 인간은 입을 통해 망하기도 하고 흥하기도 한다. 자신을 다스릴 줄 아는 자는 입부터 다스리는 법을 안다. 이들은 입의 사용처를 분명히 해 상황에 맞는 말을 하고 입술을 제어함으로 비난을 사지 않는다. 반면 입을 간수하지 못하는 자는 할 말과 못할 말을 구분하지 않고 감정이 부추기는 대로 막말을 쏟아 붓는다. 엄숙함을 못 견뎌 떠들고 조급함을 못 이겨 떠벌린다. 멋대로 발설함으로 자신을 깎아내리고 함부로 누설함으로 화를 자초한다. 이들의 입을 틀어막는 것은 사자의 송곳니를 꺾는 것보다 어려워 재갈을 물린다면 그것이 바로 삶이 보존되는 길이다.

신체 중에서 가장 위험한 부위가 입이라면 가장 안전한 부위는 귀다. 어리석은 사람도 듣기는 속히 하고 말하기는 더디 하면 궁지에 몰릴 일이 없다. 입을 잘못 놀려 망신을 자초하는 경우는 있어도 귀를 잘못 놀려 바보 취급을 받는 일은 없다. 귀는 입보다 수고를 적게 하면서 많은 일을 한다. 묵묵히 들어주는 것으로 호감을 사고 입으로 스며들지 못하는 마음을 귀로 파고든다. 닫힌 마음을 귀로써 열고 상대의 말문을 터주어 유쾌함의 옷을 입힌다. 입이 감탄의 대상이라면 귀는 선망의 대상이고 입이 품위를 드러낸다면 귀는 인격을 나타낸다. 귀는 존재감이 없어도 항상 입보다 돋보인다.

37

손과 발 때문에 생기는 근심보다 혀와 입 때문에 생기는 근심거리가 더 많다

말言의 형태는 다양하다. 순한 말과 거친 말이 있고 이성적인 말과 감정적인 말이 있다. 뜻이 담긴 말과 의미 없는 말이 있고 덜어지는 말과 보태지는 말이 있다. 혼을 빼놓는 말과 정신을 사납게 하는 말이 있고 마음을 시원케 하는 명쾌한 말과 비수를 꽂는 가시 돋친 말이 있다. 말은 곧 나를 드러내는 것이다. 나에게서 나왔기에 그 결과 또한 나에게로 돌아온다. 그래서 어떤 이는 말로써 떡을 얻어먹는 일보다 매를 버는 일이 더 많고 손과 발 때문에 생기는 근심보다 혀와 입 때문에 생기는 걱정거리가 더 많다. 인간의 됨됨이는 행실과 더불어 말로 평가받기에 사람은 말에 무거움을 느껴야 한다. 세상에는 술 때문에 죽는 사람만큼이나 혀 때문에 죽는 사람도 부지기수다.

혀는 입안에 든 흉기라서 사람을 해치기도 하고 생명줄을 끊기도 한다. 존 위클리프John Wycliffe의 말처럼 '혀는 뼈가 없지만 그 혀로 뼈를 부러뜨릴 수 있다.' 혀는 쉽게 길들일 수 없기에 말에 실수가 없는 사람은 완전한 사람이다. 지혜로운 자는 강풍에 밀려가는 큰 배를 작은 키 하나를 가지고 뜻대로 운항하는 선장처럼, 극히 작은 혀를 다스림으로 자신의 삶을 지배한다. 물결의 파장보다 말의 파장이 심함을 알기에 입술에 파수꾼을 두어 매사 경계함으로 불씨가 불길로 번지는 일이 없도록 한다.

혀가 다른 지체보다 많이 사용되면서도 감추어진 것은 필요할 때만 꺼내어 사용함으로 더럽히지 말라는 뜻이다. 오랜 세월 축적된 고귀한 명성도 세치 혀로 인해 한순간 본질을 의심받고 비난을 자초할 수 있다. 혀는 나에게 속한 최고의 우군友軍이자 최악의 적이다.

농담이 지나치면 무례가 되고
빈말이 과도하면 실없는 사람이 된다

농담은 여유로운 자의 '마음의 옷'이다. 이들은 가벼운 농담으로 경직된 마음을 느슨하게 한다. 적절한 농담으로 무료함을 달래주고 기분이 상한 자를 알맞은 농담으로 위로한다. 심지어 피 튀기는 설전을 농담으로 잠재우는 기지를 발휘한다. 뼈있는 농담은 진담 이상의 가치가 있어 지혜로운 자는 종종 진실을 전달하는 수단으로 농담을 사용한다. 농담에도 진담만큼의 공을 들여 말한다. 진담에 농담을 교묘히 섞어 진담으로 할 수 없는 비판을 능숙한 농담으로 대신한다. 그래서 어떤 농담은 날선 가시처럼 폐부 깊숙이 찌른다.

그럼에도 농담은 절제하는 것이 현명하다. 농담이 잦은 자의 말은 진위를 파악하기 어렵다. 간헐적인 농담은 유쾌함을 주지만 빈번한 농담은 불쾌감을 준다. 서투른 농담은 설익은 밥처럼 즐거움을 망치고 듣기 싫은 농담은 듣고 싶지 않은 말을 듣게 한다. 농담도 진담만큼 신중해야 한다. 상황에 맞지 않는 농담은 처지를 궁색하게 한다. 농담이 천박하면 욕처럼 들릴 수 있고 사소한 농담도 씨가 되어 화를 자초할 수 있다. 밑천이 들지 않는 것은 항시 위험한 것이다.

공허한 빈말도 지나친 농담과 다를 바 없다. 빈말은 한 마디로 쓸데없는 말에 불과하다. 빈말은 생각 없이 내뱉는 말이어서 근거가 없다. 뼈있는 농담은 있어도 의미심장한 빈말은 없다. 농담이 지나치면 무례가 되지만 빈말이 과도하면 실없는 사람이 된다. 빈말은 실속 없고 헛된 것이어서 말하는 이의 허물로 남는다. 알맹이 없는 장황한 빈말보다 단순명료한 농담이 낫다.

39

욕은 입의 험함에서 오는 것이 아니라 마음의 험함에서 오는 것이다

욕은 입의 험함에서 오는 것이 아닌 마음의 험함에서 온다. 욕은 악담惡談과 한통속이다. 상대를 모욕하는 저속한 언어이고 쌍스러운 것이다. 욕은 능멸의 속성을 지녔기에 공손한 말투로는 구사할 수 없다. 욕을 번민 없이 달갑게 들을 수 있는 사람도 없다. 욕은 벌처럼 날카롭게 사람을 쏜다. 금세 정신을 파고들어 마음을 붓게 한다. 당사자는 상대가 뱉은 침이 얼굴에 묻은 것처럼 심한 모멸감에 한없이 비참해진다.

어떤 이는 욕을 배설함으로 위안을 삼는 고약한 심보를 지녔다. 이들은 감정을 주체 못해 거침없이 욕을 배설한다. 의도적으로 혹은 무의식중에 욕이 생각을 박차고 튀어 나온다. 그들의 욕은 게걸스럽게 정신을 갉아 먹고, 유쾌한 자의 마음에 불쾌함의 옷을 입힌다. 욕 속에 감춰진 악마의 눈이 마음의 급소를 짚어 적은 양으로 삶의 전부를 뒤흔든다. 가슴에 뚜렷한 생채기를 남기고 마음에 치명적인 손상을 입힌다. 하지만 욕은 세勢를 불리어 자신의 삶으로 돌아온다.

험담은 거짓이 보태지기에 진실과 거리가 멀다. 박학다식한 사람이 험담할지라도 그 속에 좋은 뜻을 담을 순 없다. 험담은 악함이 깃든 병적 습관이기에 선한 것이 나올 수 없다. 거짓말도 더러는 유익이 되지만 험담은 해악만 끼칠 뿐 아무짝에도 쓸모가 없다. '하얀 거짓말'은 있어도 '하얀 험담'은 없다. 간악한 자는 험담거리를 찾느라 삶이 분주하다. 험담을 통해 자신의 악한 마음을 달래고 험담을 거듭함으로 더 악하게 변한다.

험담은 비열함과 더러움이 결합된 언어이다. 험담하는 자의 입과 귀는 그 더러움을 가장 먼저 경험한다. 험담은 깨끗한 몸에 걸친 누더기와 같아 조금의 안식도 주지 못한다. 일시적인 만족을 얻는 것보다 영혼에 더 큰 상흔을 남긴다. 게다가 험담은 자신에게 칼끝이 향한다. 험담은 그 말이 변변치 못할지라도 당사자의 가슴에 분노의 불을 지핀다. 결국 험담이 올무가 되어 자신의 숨통을 조인다. 현명한 자는 험담을 일삼는 자를 가장 멀리하고 성자는 원수조차 험담하지 않는다.

40

침묵을 약으로 삼으면 말이 병의 근원이 되지 않는다

침묵은 삶의 절제이자 기교이며 깊은 감정이다. 침묵은 안식을 누리게 하고 말로서 생기는 마음의 공허함을 메꿔준다. 침묵은 입을 닫는 것이 아닌 마음의 귀를 여는 것이다. 침묵을 통해 연인들의 사랑은 깊어지고 성인聖人은 침묵을 통해 신의 응답을 듣는다.

말은 재능이지만 침묵은 고도의 기술이다. 지혜로운 자는 의도적인 침묵을 통해 이목을 집중시킨다. 뜻을 감추거나 드러내기도 하고 침묵을 적절히 활용해 상황을 반전시킨다. 때론 침묵이 최상의 답변임을 알기에 침묵으로 말을 대신하고 계산된 묵언으로 관계를 도모한다. 웅변으로 열리지 않는 마음을 침묵으로 열고 적절한 묵언으로 사람을 얻고 때를 얻는다.

말 때문에 위태로움을 겪는 사람들이 있다. 이들은 말을 못하는 것이 아니라 못 할 말을 잘한다. 이들은 말보다 침묵이 돋보여야 한다. 때에 맞는 말을 하려고 애쓰기보다 상황에 맞는 침묵을 하고자 힘써야 한다. 더욱이 말에 실수가 많은 사람이라면 침묵보다 더 나은 처세술은 없다. 침묵을 약으로 삼아야 말이 병의 근원이 되지 않는다. 말로써 후회할 일은 있어도 침묵 때문에 후회할 일은 없다. 불행한 말은 있어도 불행한 침묵은 없다. 어리석은 자도 침묵하면 지혜로운 사람처럼 보인다. 독일 격언처럼 '웅변은 은이고 침묵은 금이다.'

41

나란 존재는 홀로가 아닌
내 안의 자아와 더불어 살아가는
운명공동체이다

나를 아는 것은 남을 아는 것보다 중요하다. 나를 알면 앎과 삶이 조화를 이룬다. 이것은 지식의 축적보다 우선되어야 한다. 나를 앎으로 남과 구분해야 주어진 삶의 몫을 분별하고 합리적인 태도를 견지할 수 있다. 이것이 명확치 않으면 종종 남이 주체가 되는 모순된 삶과 정체성에 의한 혼란을 야기한다. 현명함은 나를 아는 것에서부터 시작된다.

나를 의식하는 것도 남을 의식하는 것보다

우선 되어야 한다. 나를 사랑할 만한 가치 있는 존재로 생각하면 그 소중함을 남에게도 나타낸다. 나를 사랑하는 사람이 남을 미워할 수 없고, 나를 미워하는 사람이 남을 사랑할 수 없다. 나에 대한 의식이 희석되면 나 또한 자신으로부터 멀어진다. 나를 자각하는 여부에 따라 나를 잊히게 할 수도 있고 나를 불러들일 수도 있다. 어리석음은 나를 잊을 때 비롯된다.

나란 존재는 홀로가 아닌 내 안의 자아와 더불어 살아가는 운명공동체이다. 육체만이 '나'가 아닌 그 속에 깃든 자아도 '나'인 것이다. 내 안의 자아도 시간과 공간속에서 나처럼 동일하게 살아간다. 그 자아와 어떻게 사귐을 갖느냐에 따라 벗이 될 수도 있고 적이 될 수도 있다. 나하기에 따라 '내 안의 나'가 좋을 수도 있고, '내 안의 나'가 싫을 수도 있다. 그러기에 슬픔 가운데 나를 위로하고 기쁨 가운데 나를 축하해주어야 한다. 무엇이든 선한 동기를 가지고 나에게 가장 좋은 것을 주어야 한다. 이는 '내 안의 세계'가 보이는 세계보다 신비롭고 광대하기에 마땅히 갖추어야 할 예우이다.

여자에게 사랑에 대한 열정보다 뜨거운 것은 없다

남자는 사랑에 빠지면 감정을 주체 못해 순진한 바보가 된다. 여자 앞에 서면 온몸이 반응하고 미칠 듯이 가슴이 뛴다. 한 사람을 세상의 전부로 여겨 자신을 비우고 쉼 없이 여자의 존재를 담는다. 부족함은 향기롭게 감싸고, 불편함은 웃음으로 넘기며 어떤 상황에서도 사랑의 절정을 꿈꾼다. 남자에게 사랑은 홍역과도 같아 과정에서 파생되는 고뇌는 마땅히 치러야할 기쁨의 병으로 간주한다. 그러기에 사랑이 요구하는 모든 것을 바치며 시간 속에서 애정을 꽃피우고 공간 속에서 꽃을 건넨다. '영원히 사랑한다'라는 고백과 함께.

세속적인 야심으로 가득 찬 남자는 사랑이 결코 삶의 전부가 되지 못한다. 이들의 사랑은 단지 부속품일 뿐이다. 그러기에 적당히 마음을 주고 필요한 만큼만 가슴을 내어준다. 여자에게 마음을 쓰는 일보다 자신에게 마음 쓰는 일이 더 많고, 여자에게 만족을 얻는 것보다 일의 성취에서 만족을 얻는 것이 더 많다. 이들은 여자를 소유하고 품는 것으로 사랑이 이뤄진다고 생각하기에 진실한 사랑이 싹트지 않는다. 사랑을 쉽게 생각하기에 마음이 틀어지면 사랑도 쉽게 끝낸다. 이들은 첫사랑조차 가슴에 묻지 않고 시간 속에 흘려보낸다.

여자는 사랑을 인생의 전부로 여긴다. 여자에게 사랑보다 달콤한 것은 없고, 사랑에 대한 열정보다 뜨거운 것은 없다. 프랑스 격언처럼 '남자는 사랑에 죽고 여자는 사랑에 산다.' 그러기에 여자는 작은 사랑으로 시작된 만남도 더 큰 사랑으로 끝내고 싶어 한다. 사랑이 깨지는 것보다 변하는 것을 두려워하기에 '온전한 나'가 아닌 '완전한 우리'가 되도록 매일 같이 가꾸고 꾸민다. 전부를 주고 상처를 받아도 다시금 사랑이 꽃피도록 마음을 내어 준다. 순간 속에서 영원을 꿈꾸는 여자에게 희생은 사랑의 절정이다.

관심을 끄는 것에만 급급한 여자는 완전한 사랑을 이루지 못한다. 이들에게는 자신을 향한 뜨거운 눈길이 남자의 뜨거운 가슴보다 먼저다. 그러기에 마음을 주는 것에는 인색하면서도 관심을 받지 못하면 못 견뎌 한다. 이들은 욕망에 사로잡혀 있기에 사랑의 깊이가 얕아 거짓된 마음을 쉽게 헤아릴 수 있다. 남자보다 그의 소유에 마음이 있기에 만남이 지속돼도 관계는 위태롭다. 현명한 남자는 이러한 사랑이 쉽게 떠나는 것을 알기에 마음을 주지 않는다. 꽃이 아름다워 보이지 않으면 물을 주는 것을 잊어버리는 법이다.

43

연인들의 불행은 허물의 많음이 아닌 허물을 덮지 못함에서 온다

좋은 만남은 하늘이 정해주기보다 보통은 서로가 만들어 간다. 성숙한 이들은 완벽한 사람을 찾기보다 완전한 사람이 되고자 노력한다. 특별함을 찾기보다 평범함 속에 감춰진 각별함을 찾아 찬사를 보내준다. 설득하기보다 이해하고 이기려고 애쓰기보다 못 이기는 척 져주며 좋아하는 것을 강요하기보다 원하는 것을 하게 해준다. 작은 것을 받고도 넉넉히 여기되 많은 것을 주고도 빈약하게 여기며 부유함을 내세우기보다 부족함에 맞춰준다. 결점을 보기보다 가려 주고자 하고 편함을 쫓기보다 불편을 감수할 인내를 지니며 두 사람의 심장이 합해져 하나의 사랑을 위해 고동치도록 매 순간 나를 없앤다.

이별이 임박한 만남은 징후가 다양하다. 원래의 모습대로 받아들이는 것이 아닌 그에게서 다른 모습을 찾고자 한다. 그와 떨어져 있는 것이 고통스러웠던 마음이 함께 있음으로 더 괴롭다. 그를 향한 타인의 질투 섞인 눈길에 무덤덤하게 반응하고 얼굴을 마주 보고도 시선은 다른 곳을 향한다. 눈을 감고도 마음에 꽉 찼던 그가 눈을 뜨고도 작게 보이고 헤어지며 먼발치에서 지켜봤던 그의 뒷모습이 떠오르지 않는다. 행복했던 추억들이 불행했던 경험처럼 느껴지고 운명처럼 여겨졌던 사랑이 운명의 장난으로 여겨진다.

이런 불행의 결말은 허물의 많음이 아닌 허물을 덮지 못함에서 온다. 마음에 품었던 사랑이 미움에 의해 눈 밖에 난 것이다. 잘못임을 깨달으면서도 회복할 수 없는 지경에 이르면 마음은 더 무너져 내린다. 다시 사랑하는 방법은 한 가지다. 성급한 사랑이 아닌 현명한 사랑을 하고, 겉치레의 사랑이 아닌 너무 소중해 마음에 간직하고 싶은 사랑을 해야 한다. 내가 그를 사랑하는 것이 아닌 내 안의 사랑이 그를 사랑하고 사랑에게 주도권을 주어 사랑이 만남을 이끌게 해야 한다.

44

사랑이 난관에 직면하면
더 큰 사랑을 할 수 있는 동기가 된다

사랑에 의한 설렘은 가슴에 불꽃을 일으켜 삶을 태운다. 그 불길로 인해 인간은 미숙함에서 벗어나 정녕 새롭게 태어난다. 어떤 이는 의젓한 신사가 되고, 어떤 이는 정숙한 숙녀가 된다. 이들은 서로의 가슴을 파고들기 위해 진심을 내어주고 마음을 좁히기 위해 감정의 고삐를 당긴다. 가슴이 시키면 마음이 따라가고 마음이 원하면 가슴이 돕는다. 마음의 온기를 느끼지 못하면 가슴을 달구고 마음의 깊이를 헤아리지 못하면 가슴의 넓이를 보여준다. 몸이 떨어지면 그리움에 사무치고 보고픔을 참지 못하면 꿈속에서라도 달려간다. 사랑에 눈이 멀어 손길은 미치지 못하는 곳이 없고 발길은 닿지 못하는 곳이 없다. 설렘은 교묘히 숨기어도 표정으로 드러나기에 서로가 감출 것이 없다.

사랑의 설렘은 풍성한 영감을 주어 창의적인 경험을 하게 한다. 사랑을 원료 삼아 시를 짓고 상대의 몸짓에서 천 가지 해석을 한다. 작은 것에서 위대함을 보고 사소한 것도 감탄한다. 사랑 때문에 바보짓을 하다가도 사랑 때문에 천재가 된다. 반면 사랑의 떨림은 나약한 인간을 강인하게 만든다.

연인들은 난관에 직면하면 더 큰 사랑을 할 수 있는 동기로 삼는다. 사랑을 지키고자 믿음을 방패 삼아 현실에 맞서고 시련을 떨치고자 확신을 진검眞劍삼아 운명을 겨눈다. 의심이 깃들지 않도록 마음을 옥죄고 불안이 스며들지 않도록 고백을 떠올린다. 너무도 애틋해 상처를 가려주고 너무도

• ✷ • ✷ • ✷ • ✷ • ✷ • ✷ • ✷ • ✷ • ✷

흠모해 아픔을 껴안는다. 떨림은 그렇게 쓰라림을 걷어낸 자리에 사랑의 텃밭을 가꾸어 연인과 더불어 환상 속에서 살게 한다.

45

희생에 의해 사랑은 자라고
희생에 의해 인간은 거듭난다

인간은 사랑을 빼놓고 삶을 말할 수 없다. 사랑은 대개 인생을 알지 못하는 시기에 찾아온다. 인간은 사랑을 통해 삶을 알아가고 인생의 궁금증을 풀어나간다. 다름을 통해 경이로움을 발견하고 어울림을 통해 오묘함을 깨닫는다. 사랑이 주는 한 줄기 영감은 의식의 황폐함에서 벗어나 새로운 세계를 창조해 낸다. 발상을 전환시켜 의미를 부여하고 정신의 불순물을 제거하여 삶의 순도를 높인다. 부족함은 헤아려 각성케 하고 연약함은 깨달아 쇄신의 계기로 삼는다. 인간은 사랑에게 더 많은 시간과 더 많은 공간을 내어줌으로 완전함에 다가서야 한다. 사랑의 시작이 곧 삶의 시작이기 때문이다.

희생이 깃든 사랑은 진실 된 행위이며 삶으로 표현할 수 있는 가장 큰 사랑이다. 이러한 사랑은 동기를 의심받지 않아 외면할 수 없고 거부하지도 못한다. 희생적인 사랑은 습관처럼 내뱉는 백 번의 고백보다 더 큰 설득력이 있어 기적과 위대함을 낳는다. 곤고한 마음에 불을 붙여 두려움을 태우고 확신의 불씨를 남긴다. 버틸 힘을 넘어 싸울 힘을 주고, 삶의 끝자락에서 죽음도 망각하게 한다. 흔적도 없이 사라져갈 비천한 인간이 희생적인 사랑으로 변화되어 만인의 기억 속에 뚜렷이 새겨진다. 사랑은 희생에 의해 자라고, 인간은 희생에 의해 거듭난다. 사랑하면서 희생에 인색하다면 사랑을 아껴두고 있는 것이다.

**가장 성공적인 결혼은
사랑을 앞세워 끊임없이
노력하는 것이다**

사랑이 결여된 마음으로 결혼을 해서는 안 된다. 그것은 겉모양을 배우자로 맞이해 그림자와 사는 것과 다를 바 없다. 결혼 전에 사랑의 달콤함을 느끼지 못한 연인들은 결혼 후에 이별의 쓴맛을 경험한다. 이들 앞에 놓인 화려한 웨딩케이크는 언제 터질지 모르는 시한폭탄과도 같다. 결혼을 한恨을 풀 요량으로 성급히 진행해서도 안 된다. 이는 못 미더운 배필을 마지못해 선택하는 과오를 범한다. 급히 올린 결혼식은 사람을 바꾸어 또 다시 치러질 가능성이 농후하다. 결혼 전에는 들풀에 섞인 민들레를 찾을 요량으로 눈을 크게 떠야 한다. 알맞은 짝을 찾으면서 걸맞은 짝이 되고자 준비되어야 한다.

사랑은 정해진 것이 아니라 서로가 만들어 가는 것이다. 좋은 결혼이 드문 것은 결혼을 통해 자신이 원하는 것만 얻으려하기 때문이다. 자신의 갈망만을 채우고자 애쓰면 욕심에 사로잡혀 저속한 사랑을 한다. 가장 성공적인 결혼은 사랑을 앞세워 끊임없이 노력하는 것이다. 결혼 전에는 한 사람과 다양한 사랑을 하고 결혼 후에는 같은 사람과 색다른 사랑을 해야 한다. 남편과 아내가 각자의 역할을 나누되 서로에 대한 의무는 증가되어야 한다. 결혼이 사랑을 책임져주는 것이 아닌 사랑이 결혼을 책임져주는 것임을 상기하며 어떤 상황에서도 사랑하는 것을 멈춰선 안 된다. 그럴 때 소설가 존 릴리John Lyly의 말처럼 '결혼이란 하늘에서 맺어지고 땅에서 완성된다.'

47

남편에게 아내는 반쪽이 아니라 전부여야 한다

남편에게 아내는 반쪽이 아닌 전부여야 한다. 좋은 남편은 많은 사람에게 필요한 사람이 되기보다 아내에게 꼭 필요한 사람이 되고자 애쓴다. 아내의 연약함을 이해함으로 도와주고, 아내의 부족함을 헤아림으로 채워준다. 높여줌으로 높임을 받고 존중함으로 존경을 받는다. 아내의 유쾌함을 위해서는 체면도 내려놓고 아내를 위하는 것을 권위를 내세우는 것보다 우선시한다. 아내를 동반자로 삼기 위해 다가섰던 지난날을 떠올리며 사랑의 기쁨을 평생토록 가슴에 품고 살아간다.

나쁜 남편은 매사 아내를 다루려 한다. 권위에 굴복해 말 잘 듣는 하수인이 되기를 강요하고 자신에게 종속된 부속품으로 여겨 맹목적인 순종을 요구한다. 자신이 부러워하는 대상과 함부로 비교하고 처지의 궁색함을 항상 아내 탓으로 몰아간다. 아내의 안위보다 자신의 체통을 중요시하고, 아내의 결점을 드러내어 자신의 허물을 가린다. 이들로 인해 선량한 아내는 가슴이 찢기고 마음 둘 곳 없는 외진 삶이 된다. 이러한 남편을 만나면 현모양처도 악처로 변한다.

좋은 아내는 남편의 모습을 바꾸기보다 자신의 마음을 가꾸고자 힘쓴다. 남편에 대한 아쉬움은 마음을 비움으로 해소하고 미약함은 지극한 헌신으로 대신한다. 남편의 무심함에 쉽게 마음을 잃지 않고 차가운 머리로 다가와도 따뜻한 가슴으로 마주한다. 남편이 고뇌할 땐 마음을 보태주는 조력자가 되고 삶이 흔들릴 땐 신뢰를 보내주는 후원자가 된다. 사랑하기에 끝없이 내어주고 사랑하기에 한없이 껴안는다. 토마스 풀러의 말처럼 '아내는 변함없는 복종을 통하여 남편을 지배한다.'

나쁜 아내는 모든 것이 자신의 기분에 맞춰져야 한다. 섭섭함을 토로하면 진위를 헤아려야 하고 서운함을 내비치면 갈망을 충족시켜줘야 한다. 동의를 구하지 않아도 순순히 따라 주고 의사를 묻지 않아도 마땅히 응해줘야 한다. 자신의 상처를 남편의 슬픔보다 크게 여겨야 하고 자신의 아픔을 상당한 대가를 지불해서라도 아물게 해주어야 한다. 이들은 오직 자신을 위해 모든 것을 내어주는 것을 사랑으로 안다. 로마의 희극작가 플라우투스Plautus의 말처럼 '본의 아닌 결혼을 한 남자에게 있어 그 여자는 처妻가 아닌 적敵이다.'

가정이 없으면 남의 세상에서 살다가 홀연히 사라지는 기구한 운명을 맞는다

가정이란 부모와 자식이 섞인 곳이 아니라 하나로 묶여있는 곳이다. 얽힌 이해관계를 원만한 인간관계로 풀어가는 곳이다. 가족 간의 어우러짐을 경험한 자는 불협화음 속에서도 조화를 이루고자 애쓴다. 가정을 천국의 정원으로 여겨 수고를 기쁘게 감내하며 매일같이 돌보고 가꾼다. 슬픔조차도 아름다운 추억이 될 수 있도록 서로 다독이며 일으켜 세운다. 아픔을 걷어내고 희락喜樂이 깃들도록 서로의 가슴속에 사랑의 꽃을 피운다. 나아가 서로의 부족함과 연약함을 허용할 수 있는 더 큰 마음의 공간을 확장한다. 이러한 가정은 더 없이 견고하여 모진 세파에도 흔들리지 않는다. 위기가 찾아와도 그것을 기회로 삼아 온전한 하나가 된다. 그러기에 가족이 사는 곳은 집이 아닌 가정이어야 한다. 의식주를 해결하는 장소가 아닌 공동체를 이루며 살아가는 작은 나라여야 한다.

가정은 반드시 화목의 기초위에 세워져야 한다. 불화가 끊이지 않는 가정은 낯선 사람들이 부대끼며 살아가는 이방인의 숙소와 다를 바 없다. 사막과 오아시스는 가정에도 존재한다. 화목함의 여부에 따라 가정은 간수 없는 감옥이 될 수 있고, 천사 없는 낙원이 될 수 있다. 비옥한 세상에서 메마름을 경험할 수 있고 삭막한 세상에서 다정함을 만끽할 수 있다. 단출한 식단을 앞에 두고 화목한 것이 진수성찬을 앞에 두고 다투는 집안보다 나은 것이다. 인간은 삶이 곤궁하면 고향을 그리워하지만 마음이 고단하면 가정을 그리워한다. 몸이 집 밖에 머물러도 마음은 가정을 향한다. 그러기에 가정이 없는 자는 남의 세상에서 살다가 홀연히 사라지는 기구한 운명을 맞는다. 인간의 가장 행복했던 시절은 가정에 있다.

49

어머니의 사랑은 자식의 삶보다 무겁고
그 사랑은 자식의 삶보다 크다

아버지는 자식에 대한 애정을 근엄함으로 감춘다. 가장의 체면 때문에 삶의 시름과 고달픔을 내색하지 않는다. 하지만 그 무뚝뚝함으로 세상에 맞서며 가정을 지킨다. 삶의 고단함을 힘겹게 이겨내며 가족을 보호한다. 그러기에 사람들은 자식의 말에서는 어머니의 온화한 마음을 읽지만 자식의 행동에서는 아버지의 강인한 모습을 본다.

아버지가 드는 회초리는 때리기 위함이 아닌 자식을 훈계하기 위함이다. 사자가 자기 새끼를 향해 사납게 으르렁거려도 해치지 않는 것처럼 아버지는 화를 내고 겁을 줘도 속은 새카맣게 타들어 간다. 집안에서 마땅히 울 장소가 없어 속으로 우는 아버지도 철부지 자식이 마음을 돌이키면 눈물을 감추지 못한다. 이런 아버지의 마음을 자식은 뒤늦게 깨닫는다. 인도 격언처럼 '소금의 고마움은 떨어졌을 때 알고 아버지의 고마움은 돌아가신 뒤에 안다.'

어머니는 언제라도 품에 안기고 싶은 존재이다. 어머니는 이름을 부르는 것만으로 눈물을 자아낸다. 어머니는 자식밖에 모르기에 눈을 감으면서도 자식을 그리워한다. 자식의 삶을 마음으로 껴안기에 어머니의 사랑은 자식의 삶보다 무겁고 그 사랑은 자식의 삶보다 크다. 그러기에 자식이 곁에 없는 어머니의 공허함은 무엇으로도 채울 수 없다.

어머니의 말은 가슴에서 나오기에 자식의 귀에 순하게 들린다. 어머니는 자식의 서투름에서도 그 뜻을 알기에 묻지 않아도 원하는 것을 준다. 어머니는 자식의 얕은 마음도 깊이 헤아리기에 자식의 어떤 슬픔도 씻어줄 수 있다. 어머니에게 자식은 당신이 낳았기에 귀중한 존재가 아닌 한없이 사랑했기에 소중한 존재이다. 니그리치아의 격언처럼 '자기 자식이 뱀일지라도 어머니는 자기 가슴에 감기게 한다.'

50

부모의 최초의 기억과
최후의 기억은 자식이다

부모란 자식을 위해 태어난 존재이다. 부모는 자신의 삶에 변화가 없어도 자식을 향한 마음은 변함이 없다. 부모는 자식에게 사랑을 더 주지 못한 자신의 허물이 보일 뿐 자식의 나쁜 구석은 보이지 않는다. 부모에게 자식은 눈을 감고도 보이는 존재이기에 손가락질 받는 못된 인간도 부모에게는 더 없이 소중한 자식이다. 자식의 아픔은 부모에게 곧 피가 마르는 일이기에 부모는 자신의 커다란 기쁨을 잃더라도 자식의 작은 슬픔을 덜어주고 싶어 한다. 당신의 비참함의 대가로 자식이 행복할 수 있다면 그 길을 마다하지 않는다. 병을 얻고도 자식의 건강을 걱정하고 자신의 불행 속에서 자식의 행복을 갈망한다. 자식의 잘난 부분을 기뻐하기보다 약한 부분을 감싸고 보듬어주고 싶어 한다.

부모의 인생과 시간은 오롯이 자식에게 있기에 부모는 자식의 살아갈 날을 생각하며 자신의 살아온 날을 돌아보고 자식의 젊음 속에서 자신의 늙음을 본다. 부모에게 자식은 삶의 전부이기에 손발 없이는 살아도 자식 없이는 살 수 없다. 몸이 죽어도 자식을 향한 마음은 죽지 않는다. 부모의 최초의 기억과 최후의 기억은 자식이다.

자식이 부모에게 마땅히 행해야 할 본분은 효도이다. 효도란 부모의 뜻을 헤아림으로 계속해서 마음을 파고드는 것이고 부모의 소중함과 감사함을 말과 행동으로 표현하는 것이다. 부모의 마음에 걱정이 자리 잡지 않도록 삶을 보살피는 것이고 부모의 허물을 주목하기보다 있는 그대로 받아들이며 공경함으로 그 간극을 좁혀가는 것이다. 형편과 처지가 궁색할지라도 마음이 멀어지지 않겠다는 믿음을 주는 것이고 정신에 풍요로움을 주는 것을 물질의 풍족함을 주는 것보다 더 가치 있는 일로 여기는 것이다.

그러기에 자식은 부모의 사소한 이야기도 달갑게 듣고 속상한 일에는 내 일같이 여기며 머리를 맞대어야 한다. 마음이 팽팽할 땐 여유로운 농담으로 느슨하게 해주고 고단함의 기색이 엿보이면 다정히 어깨를 주물러줘야 한다. 부모와 자식 간에 핏줄만이 아닌 마음도 통한다는 것을 인식시켜주고, 떨어져 있어도 늘 당신을 기억하며 살아가고 있다는 무한한 신뢰를 보내주어야 한다.

한 마디를 더 나누지 못한 것을 아쉬워하고 한 걸음 더 다가서지 못한 것을 마음 아파하며 자신의 눈동자에 항상 부모의 모습을 담고 살아야 한다. 부모를 떠나보내고 나면 자식이 할 수 있는 것은 우는 일밖에 없기 때문이다.《한시외전韓詩外傳》에 기록된 것처럼 '나무가 고요하고자 하나 바람이 멈추지 않고 자식이 효도하고자 하나 어버이가 기다리지 않는다.'

제2부

채움과 비움,

참다운 삶을 살 수 있기까지

51

육체가 죄를 범할지라도 행위의 주체는 정신이다

정신은 생명의 근원이기에 정신을 잃으면 삶이 무너진다. 구약 성경 〈잠언〉에 기록된 것처럼 '사람이 병들면 정신력으로 지탱할 수 있지만, 그 정신력마저 잃으면 희망이 없어진다.' 정신은 육체를 버릴 수 있지만 육체는 정신을 버릴 수 없다. 육체는 죽기까지 정신에 예속되어 살아야한다. 육체는 정신의 충성스런 분신이며 정신이 머무는 처소이다. 비록 정신은 육체에 속해있지만 육체를 지배하고 이끌며 그 속에 군림君臨한다. 육체는 형상으로 드러난 게 고작이지만 정신은 우주도 품을 만큼 그 세계가 광대하다.

육체는 때가 되면 걷히는 장막에 불과하다. 풀은 마르고 꽃은 떨어지듯이 육체도 시들고 쇠하여 본래의 모습을 잃는다. 정신은 육체의 불멸을 원하지만 육체가 세월을 통해 정신의 헛됨을 깨닫게 한다. 육체와 정신은 신묘하게 얽혀있다. 정신은 무언가를 창조해 내고 육체는 그것을 이루어 낸다. 정신이 위축되면 육체도 위축되고 신체의 한 부위를 잃으면 정신에도 변화가 온다.

정신이 육체를 지배하면 의의 종이 되고 육체가 정신을 지배하면 죄의 종이 된다. 신성한 몸일지라도 육체가 주인이 되는 순간 정신은 선한 기능을 상실한다. 이는 정신이 육체의 범주에 있는 것이 아니라 육체가 정신의 범주에 있기 때문이다. 육체가 죄를 범할지라도 행위의 주체는 정신인 것이다.

52

마음은 인간의 것이지만
주인행세는 마음이 한다

생각은 깊기도 하고 짧기도 하며 사실을 자각하기도 하고 거짓에 농락당하기도 한다. 날뛰거나 침전하기도 하고 흐려지거나 맑아지기도 하며 떠오름이 그치다가 꼬리에 꼬리를 물기도 한다. 이렇듯 생각은 너무도 변덕스러워 사소한 것에서도 불온함을 연상시켜 인간의 탈선을 조장한다. 해서는 안 될 일을 생각나게 해서 하지 말아야 할 일을 행하게 하고, 있어서는 안 될 일을 생각나게 해서 벌어져선 안 될 일을 실행하게 한다.

이러한 생각은 발걸음이 목적지에 닿기도 전에 코 없이 죄의 냄새를 맡고 혀 없이 악의 맛을 느끼며 육체를 이끈다. 하지만 생각도 착각도 자유지만 죄악이 탄로 날 경우 모든 책임은 인간이 져야 한다. 행동의 배후에는 언제나 생각이 있지만 실체가 없어 잘못을 추궁할 수 없다. 겉도는 생각일지라도 그 자체가 인간의 것이기에 결과물 또한 오롯이 본인이 껴안아야 한다.

마음은 홀로 있지만 그 속에는 마음이 출산한 수많은 식구가 있다. 평안, 기쁨, 감사, 행복이라는 식솔들과 걱정, 불안, 염려, 두려움과 같은 가솔들이다. 게다가 증오와 교만 같은 뜨내기도 드나들어 마음은 가장 깨끗한 곳이자 가장 더러운 곳이다. 마음은 언제나 주도적이어서 마음이 허락하지 않는 한 누구도 마음대로 할 수 없다. 모든 선택권은 마음에게 달렸기에 마음에 들지 않으면 어찌할 도리가 없다. 마음은 인간의 것이지만 주인행세는 마음이 하며 사는 것이다.

마음은 선과 악이 매일같이 충돌하는 총성 없는 전쟁터이다. 그곳에선 수많은 갈등과 대립이 양산되며 긴장을 촉발시킨다. 쾌락과 고통이 원인이 되어 교전交戰의 빌미를 제공하고, 서로 다른 본성을 적대시하며 팽팽히 맞선다. 하지만 아이러니하게도 전쟁의 당사자조차 마음의 평화를 원하기에 확전으로 치닫는 최악의 상황은 극히 드물다.

53

가슴을 하찮게 여기면 머리만 내세우는 어리석음을 범한다

가슴의 중요성을 모르는 자는 머리가 없는 사람이다. 인간이 습관처럼 저지르는 어리석음은 가슴을 사용해야 하는 곳에 머리를 사용하는 것이다. 이것처럼 사람을 숨 막히게 하는 것도 없다. 매사를 머리만으로 해결하려는 자는 엄청난 저항에 직면한다. 가슴을 하찮게 여기면 머리만 내세우는 우를 범하고, 머리만 사용하면 가슴은 황량한 사막이 되어버린다. 사람에 대한 믿음을 심어주는 것은 머리가 아닌 가슴이기에 머리만

쓰고 가슴을 사용하지 않으면 상대의 마음에 의혹이 생긴다. 이들에게는 가슴으로 적은 일을 하는 것이 머리로 많은 일을 하는 것보다 낫다.

머리가 미치지 못하는 곳을 가슴은 파고든다. 가슴은 머리보다 많은 일을 하고 머리보다 많은 것을 가르쳐준다. 가슴에는 육안肉眼으로 볼 수 없는 마음의 눈이 있어 머리가 깨닫기 전에 먼저 본다. 사람은 머리로 아는 것보다 가슴으로 헤아리는 일이 많아야 한다. 중요한 것을 자각하는 것은 머리지만 소중한 것이 무엇인지를 깨닫게 하는 것은 가슴이다. 사람을 현명하게 하는 것은 머리지만, 사람을 위대하게 하는 것은 가슴이다. 가슴의 확장은 곧 삶의 지경을 넓히는 일이기에 넓은 가슴을 지닌 자는 결코 시시한 삶을 살 수 없다.

초심은 상황을 다스리는 선한 능력이다

초심初心이란 처음의 마음을 끝까지 지키는 것이다. 어떤 대상을 향해 처음에 쏟아부었던 마음을 한결같이 나타내는 것이다. 초심은 상황을 다스리는 선한 능력이자 형통의 비결이다. 특별한 수단을 사용하지 않고도 어디서나 돋보이고 지키는 것만으로 발전을 거듭한다. 처음에 가졌던 마음을 나날이 새롭게 할 때 초심은 인간의 원대한 뜻을 꿈처럼 이뤄준다. 설령 시련을 맞이할지라도 역경의 한복판에서 기회와 악수 할 수 있는 예기치 못한 만남을 허락한다. 그러기에 현명한 자는 매순간 기본과 원칙에 충실하므로 다시금 원점으로 돌아가는 어리석음을 범치 않는다.

변심變心은 마음이 바뀐 것이 아닌 본래의 모습으로 돌아온 것이다. 이들은 생각이 비뚤어져 삶의 그림자도 굽어져있다. 욕심에 사로잡혀 더 많이 얻고 더 많은 것을 이루고자 편법을 쓴다. 필요한 만큼의 시간과 노력을 줄이고 상품과 서비스에 대한 질을 저하시킨다. 씨앗의 양은 감량하면서 수확의 양은 기대한다. 이는 타인에 대한 기만행위이며 빛나는 시작을 어둠으로 막을 내리는 편협한 생각이다. 변심은 곧 퇴보를 의미하기에 내딛는 발걸음은 뒷걸음질이 되고 탄탄대로라 생각했던 길은 막다른 골목으로 이어진다. 인간은 불법적인 방식에 인印이 박이면 합법적인 방법을 못 견디기에 초심은 일시적인 행위가 아닌 지속적인 태도여야 한다.

55

염려는 돕는 손길 대신 두려움이라는 뜻밖의 친구를 만나게 한다

근심은 일종의 염증과 같아서 마음에 손상을 일으킨다. 우울함과 무기력을 동반하고 시종일관 애가 타고 피가 마른다. 정신은 산만하고 신경은 곤두서며 일이 손에 잡히지 않아 쉴 새 없이 한숨을 내쉰다. 드러내면 시름에 젖고 감추면 걱정에 사로잡혀 아침에 일어나지 못하고 밤에 잠들지 못한다. 하지만 욕정처럼 발산할 수 없어 무익한 생각의 테두리만 돌 뿐 마음은 나그네 길에 오른 것처럼 모든 일에 삶이 무게를 느낀다.

근심이 두려움으로 변질되어 가슴에 와 닿으면 억장은 더 무너져 내린다. 그럼에도 위안이 되는 것은 근심도 시간이 지나면 어느 날인가 추억이 되어있다는 것이다. 근심 또한 시간이 약이다.

존 맥스웰John Maxwell의 말처럼 염려는 '진 적이 없는 빚에 대해 미리 이자를 내는 것과 같다.' 기어를 중립에 놓고 엑셀레이터를 밟으면 소리만 요란할 뿐 아무 일도 일어나지 않는 것처럼 염려는 공허한 상상에 불과하다. 염려는 괴로움을 덜어주기는커녕 오히려 힘을 앗아간다. 다가오지 않은 일을 앞서 염려함으로 뱃속에 쇳덩어리를 넣은 것처럼 마음을 무겁게 한다. 정신을 소모하고 시간을 낭비하며 돌려받지 못할 삶의 일부를 미리 떼어간다.

염려는 실체 없는 마음의 요란함이자 악마의 그럴듯한 속삭임이다. 영혼의 귀가 얇아 마음으로 받아들이는 순간 염려는 돕는 손길 대신 두려움이라는 뜻밖의 친구를 만나게 한다. 그러기에 염려에 사로잡힐 때는 현실을 직시하고 마음을 잘 단속해야한다. 신약 성경 〈마태복음〉에 기록된 것처럼 한 날의 괴로움은 그 날로 족하기에 내일 일은 내일이 염려하게 해야 한다.

56

목적이 정확하면 방향이 올바르고
목적이 분명하면 행동은 뚜렷하다

목적은 달성에 뜻을 두기보다 과정에 의미를 두는 것이 중요하다. 목적을 이뤄 얻는 것보다 과정에서 얻는 것이 더 많기 때문이다. 선한 목적일수록 더욱 그렇다. 하나의 목적이 생기면 그것을 도와줄 수많은 내적 요소들이 생겨난다. 그것들의 이름은 노력, 의지, 인내와 같은 신성한 것들이다.

목적은 평범한 사람을 차원이 다른 삶을 살게 한다. 위대한 정신을 불어 넣고 변변찮은 재능을 향상시켜 더 높은 수준에 이르게 한다. 나날이 잠재력을 키워주고 '어제의 나'를 성장시켜 '내일의 완전한 나'로 거듭나게 한다. 갈 길을 일러주고 갈 곳을 보여주며 할 일을 깨닫게 해 삶의 발걸음을 재촉한다. 위기에 처할 땐 벽을 문으로 생각하는 발상의 전환을 통해 좌절 앞에 마음을 굽히지 않고, 시련 앞에 물러설 줄 모르게 한다. 목적이 정확하면 방향이 올바르고, 목적이 분명하면 행동은 뚜렷하다.

57

족함을 모르는 자의 가슴에는 지혜가 깃들지 않는다

지식과 지혜의 속성은 다르다. 지식은 힘이고 지혜는 강함이며, 지식은 머리에 있고 지혜는 가슴에 있다. 한 줌의 지혜는 한 트럭의 지식을 능가하기에 지식으로 알 수 있는 땅의 일들을 넘어 하늘의 뜻도 알게 한다. 지혜로운 자는 고귀한 특성이 있다. 말은 간결하고 행동은 고결하며 허위를 짐작하여 거짓을 쉽게 가려낸다. 맞서야 할 것과 피해야 할 것을 구분하고, 나아갈 때와 물러설 때를 알며, 취할 것과 버릴 것을 분명히 한다.

싸우지 않고 이기고, 남이 애써 터득한 교훈을 쉽게 내 것으로 만들며, 때론 과감히 돌아감으로 목적지에 더 빨리 도달한다.

지혜는 신성한 것이기에 진리에서 찾아야 하고 깨달음을 삶과 결합할 때 생성된다. 지혜의 본성은 청빈해서 족함을 모르는 자의 가슴에는 깃들지 않아 채우기 위해선 먼저 비워야 한다. 지식은 전수할 수 있어도 지혜는 물려줄 수 없기에 삶으로 나타나지 않는 지혜는 무익하며 이 또한 지나치면 비난을 자초하기에 발톱을 감추는 절제가 동반돼야 한다.

우매한 자는 고통과 괴로움을 자신의 등에 메고 다닌다. 이들은 어리석은 행동을 하고도 똑똑한 체 하기에 오히려 다른 사람의 총명함을 화근으로 여긴다. 게다가 사리를 분별하지 못해 우둔함은 언제나 과도한 경지에 들어서 있다. 청결함과 혼탁함을 혼동하고, 속도를 조절하는 것과 머뭇거림의 차이를 모르며, 그릇된 동기를 품고서도 그것을 의심할 줄 모른다. 이들의 어리석음의 행위는 삶의 모든 영역에서 나타난다. 물과 기름을 섞으려 하고, 바람을 마주하고 티끌을 날리며, 파리의 뒤를 쫓아 꽃밭을 찾으려 한다.

돈은 돈대로 쓰면서 몸은 몸대로 버리고, 오늘 할 일을 제쳐두고 내일의 계획을 세우며, 상한 씨앗을 뿌려놓고 풍작을 기대한다. 이들에게는 지혜로운 자의 현명한 말도 어리석게 들리기에 행여 이들과 동업한다는 것은 어린아이와 함께 일하는 것과 같다. 구약 성경 〈잠언〉에 기록된 것처럼 '미련한 자를 곡물과 함께 절구에 넣고 공이로 찧을지라도 그의 미련한 것은 벗겨지지 않는다.'

성공은 수많은 작은 발걸음을 떼며 수없이 많은 실패를 극복했다는 증거이다

성공은 수많은 작은 발걸음을 떼며 수없이 많은 실패를 극복했다는 증거이다. 실망과 좌절의 손아귀에서 벗어났다는 것이고 엄청난 저항에서 해방되었다는 것이다. 이는 주어진 일에 역량을 쏟아부은 집념의 결과이다. 성공한 자는 태도가 남다르다. 분명한 목표의식을 가지고 작은 일에도 전심을 다하고 전력을 기울인다. 현명하게 일하는 것의 중요함을 알기에 지식을 친구로 삼고 경험을 스승으로 여기며 환경에 의존하면서도 이용할 줄 아는 영특함을 보인다.

더 높은 도약을 위해 끊임없이 고뇌하고 99%의 가능성을 시도하고도 보다 나은 1%의 가능성을 찾기 위해 골몰한다. 난관에 봉착해도 마음의 여유로움으로 문제의 핵심을 찾고자 사유하고 창의적인 발상으로 생각의 임계점을 뛰어넘는다. 사소한 것에 열정을 소진하지 않고 중요한 일에 우선순위를 두며 철저한 준비가 되어있기에 기회가 찾아오면 놓치지 않는다. 이들의 가슴에는 갈망에 대한 뜨거움이 있기에 불시에 떠오르는 의심과 두려움이 닿기만 해도 형체 없이 녹아버린다.

실패가 잦은 사람은 무지無智라는 공통점이 있다. 보는 것과 관찰하는 것의 차이를 모르고 무모함과 과감함의 차이를 모르며 급한 것과 중요한 것의 차이를 모른다. 가진 기술을 유사한 상황에서 응용할 줄 모르고 경험을 활용해 질적 수준을 높일 줄 모르며 지식을 이용해 새로움을 창조할 줄 모른다. 이들은 방향보다 속도를 중요시하기에 본질과 무관한 것에 열정을 소모하고 육안을 관통하는 실제적인 것만을 쫓으려 한다.

손발은 앞서되 생각은 더디어 열심히만 하고, 사고하지 않으며 즉흥적이라 행동을 하면서 계획을 세운다. 경계해야 할 것은 겁을 내고, 신중해야 할 것은 두려워하며 성공할 90%의 가능성보다 실패할 10%의 가능성을 염두에 둔다. 섣부른 낙관으로 동력을 잃고, 선택의 기로에서 우유부단함을 보이며 인내하지 못해 끝을 흐리고 마음을 잡지 못해 균형을 잃는다. 앞선 이들과 대비되는 이들의 결말은 그들조차 부인할 수 없는 필연적 결과이다.

59

계획을 세우는 것은 생각이지만
그것을 성취하는 것은 근면이다

근면은 끈질김보다 위대하다. 근면은 목적 성취와 실력 향상에 더할 나위 없는 미덕이다. 계획을 세우는 것은 생각이지만 그것을 성취하는 것은 근면이다. 근면한 자는 주어진 몫을 성실히 감당하기에 산도 옮길 수 있다. 태만한 자는 해가 중천에 떠도 방안의 문턱도 못 넘지만, 근면한 자는 종달새의 지저귐을 들으며 동창의 밝음을 목도한다. 태만한 자는 연명하듯 생계를 꾸려가지만 근면한 자는 보란 듯이 삶을 꾸려 나간다. 이들은 황혼에 이르러도 아쉬움의 자취와 후회의 그늘이 드리우지 않는다.

근면은 작은 발걸음이 축적되어 큰 발자취를 남긴다. 인류의 획기적인 사건들은 근면에서 비롯되었다. 최초의 발명에는 근면한 자의 손이 있었고, 최초의 발견에는 근면한 자의 발이 있었다. 이들은 노동의 부족함에서 피곤함을 느끼기에 꿈속에서조차 태만하지 않는다. 근면이 삶의 근간을 이루기에 지루할 틈도 없고 한 눈 팔 시간도 없다. 옛 격언처럼 '구르는 돌에는 이끼가 끼지 않는다.' 이들은 한 줌의 재가 되는 것이 가장 영광스러운 일이기에 늙어가는 것이 아닌 세월 속에 닳고 닳아간다.

60

땀은 인간에게서 나오는
가장 진실 되고 확실한 것이다

땀은 증발하지만 흔적을 남긴다. 인류가 이뤄낸 위대함의 업적은 땀의 산물이다. 역사는 땀 흘린 자들의 전유물이며 땀을 빼놓고 역사를 말할 수 없다. 땀은 인간을 외진 곳을 벗어나 중심에 머무르게 한다. 매일 같이 흘리는 땀은 물결이 되어 삶을 원하는 곳으로 흐르게 한다. 보는 것을 얻게 해주고 생각한 것을 이루게 해준다. 인간의 성장을 촉진시켜 한계를 넘어서게 하고 부러워했던 대상이 훗날 자신이 되게 해준다.

절뚝거리는 자가 좌절의 문턱을 넘어 소망의 고지에 오르는 기적을 연출한다. 땀은 인간의 선천적인 부족함을 메꾸는 유일한 것이다. 위인들의 경이로운 삶 속에는 무수한 땀방울이 깃들어있다. 대장장이는 무쇠가 연장이 되기까지 수많은 땀을 흘렸기에 위대한 장인이 될 수 있었다.

적은 피는 많은 물보다 농도가 진해 한 방울의 피는 거센 물결보다 강하다. 피는 무심한 자의 걸음을 멈추게 하고, 인간의 완고한 신념도 뚫는다. 거짓을 파고들어 진실을 들춰내고, 어둠을 쓰러뜨려 빛을 드러낸다. 피는 최악의 상황을 반전시키는 최후의 카드로도 활용된다. 살을 내어주고 뼈를 깎겠다는 절박함을 드러내기도 하고, 뼈마디를 이어서라도 디딤돌로 삼겠다는 비장함을 나타내기도 한다.

그래서 피는 종종 극단적인 모습도 보여준다. 욕망에 사로잡힌 자는 피로써 서약을 맺고, 피가 삶의 본질이 된 자는 죽음이 요구하는 고통을 피로써 바친다. 피로써 패배를 상징하기도 하고 피로써 승리를 증거 삼기도 한다. 하지만 피의 숭고한 가치는 극적인 상황에서 극적인 장면을 연출하는 데 있다. 순교殉教의 피는 역사를 바꾸는 거룩한 기폭제가 되었고, 십자가의 피는 인류를 구원하는 한 알의 밀알이 되었다.

61

일은 삶의 속박이 아닌 인생의 자유를 다양하게 표현하는 복된 행위이다

일은 인간의 의무이자 일상의 발판이다. 일은 인간이 왜 살아야 하는지를 깨닫게 하고 경험을 통해 지혜를 터득하게 해준다. 일은 인간이 하지만 인간을 정교하게 다듬는 것은 일이다. 일은 삶의 속박이 아닌 자유를 표현하는 행위이며 인간은 일을 할 때만이 삶이 녹슬지 않는다. 빛나는 의복을 입고 점잖은 체 할지라도 무위도식하면 공허한 하루에 불과하다.

노동은 삶의 언어이자 본질이며 비록 일부지

만 삶과 가장 가깝다. 노동은 윤활유와 같아 정신과 육체의 마찰을 덜어주고 몸과 마음을 순하게 한다. 정신을 단련하고 육체를 훈련시켜 삶을 담백하게 한다. 단순한 움직임을 넘어 하루를 생동감 있게 하고 추상적인 삶을 구체화하여 윤곽이 드러나게 한다. 노동은 삶에서 파생되는 가장 아름다운 결정체이며 상처와 굳은살은 숭엄한 노동의 흔적이다.

노동은 인간을 같은 자리에 머무르게 하지 않는다. 궁색한 처지의 인간이라도 노동을 지속하는 한 희망은 있다. 노동은 삶으로 뻗친 수많은 가지여서 기쁨과 만족과 성취라는 다양한 열매를 결실한다. 인간은 노동을 통해서만이 영광을 얻는다. 노동으로서 고귀한 족적을 남기고 노동으로서 살아있었던 흔적을 남긴다. 소박한 삶도 화려한 삶도 오직 노동으로만이 소화할 수 있다.

62

지식은 올바른 사고와 궤를 같이하며 선함을 바탕으로 행동에 옮겨져야 한다

지식은 창조의 원천이고 지식의 욕구는 발전의 시작이다. 인간은 참된 지식이 더해지면 지혜의 힘이 증가하고 경험이 더해지면 능력은 배가 된다. 참된 지식은 좋은 씨앗을 분별하는 안목을 주어 풍성한 수확의 기쁨을 안겨준다. 삶의 불필요한 곁가지들을 잘라 더 큰 나무로 자라게 한다.

인간에게 무지는 위험한 것이지만 겸손이 결여된 많은 지식은 보다 위험하다. 지식이 인격을 능가하는 자들은 자신의 힘을 신神으로 삼는 오만함으로 파멸을 자초한다. 명성이 구름에 닿고 명예가 별에 미칠지라도 그 끝이 치욕을 향한다. 이들에게는 아는 게 병이고 모르는 게 약이어서 앎은 무지보다 해롭다.

지식으로 사물의 용도를 알고도 오용하면 극단적인 상황을 초래한다. 지식은 마음상태에 따라 사람을 살리는 수단이 되기도 하고 사람을 죽이는 무기도 된다. 의사에게 쥐어진 칼은 생명을 살리는 도구가 되지만 강도에게 쥐어진 칼은 사람을 해치는 흉기가 된다. 그러기에 지식은 올바른 사고와 궤를 같이하며 선함을 바탕으로 행동에 옮겨져야 한다. 삶에 합당하게 대처하고 선한 영향력을 행사함으로 지식은 그 진가를 알 수 있다. 참된 지식의 깊이만큼 마음이 드러나고 명철한 사고의 높이만큼 세상은 보인다.

63

용기는 정신의 일부지만
삶 전체를 장악할 수 있는
강력한 힘이 있다

용기는 정신에서 뿜어 나오는 강력한 무기이다. 용기는 정신의 일부지만 삶 전체를 장악하는 힘이 있어 인간의 나약함을 제거한다. 어떤 대상을 향해 격렬히 대항하고 생각을 행동으로 옮겨 두려움을 제압한다. 거인의 힘을 능가하는 내면의 용기가 연약한 자아를 대신해 싸우며 한계를 넘어선다. 그러기에 용기 있는 자는 난관조차 변화의 분수령으로 삼아 의연하게 대처한다. 불의 앞에 마음을 접거나 뜻을 굽히지 않고 어둠에게 길을 터주지 않는다. 누군가가 삶을 쥐고 흔들어도 정신이 무너지지 않고 양심이 요구하는 대로 운명과 맞선다. 어떤 총칼도 이들의 정신까지 뚫을 순 없기에 그들의 죽음은 의로울지언정 가련하지 않다.

겁은 정신의 일부가 떨어져 나간 의식의 부실함이며 나를 향한 최대의 위협이다. 겁은 스스로에 대한 불신이고 나를 대적하는 것이다. 겁 많은 인간은 양분이 없는 나무와도 같아 외면의 부피는 있어도 내면의 무게가 없어 마음의 약함은 곧 행위의 약함으로 이어진다. 평범한 일에도 감정이 요동쳐 삶 전체가 들썩이고 문제가 생길 때마다 그것을 염려 앞에 갖다 놓는다. 시시때때로 우유부단함을 표출하고 결정적인 상황에서 마음의 중심을 잃고 뒷걸음질 친다.

겁을 겸손으로 위장하여 자신을 감추기도 하지만 어딘가에 속해있어도 온전히 섞이지 못하기에 스스로 외진 곳을 찾아다닌다. 불안함으로 삶을 지탱하고 두려움으로 시절을 보내며 절망의 기슭으로 몰아간다. 이들에게 세상은 살얼음판 같아서 수시로 두려움에 빠지기에 하루에도 수없이 위기를 넘긴다. 안타깝게도 이들은 강자의 먹잇감이 되고 수다쟁이들의 호외감이 된다.

도전의 미덕은
자신의 강함에 있는 것이 아니라
행위의 잦음에 있다

도전은 낯섦과 두려움을 극복하겠다는 의지의 표명이며 무언가에 대한 갈망이자 절실함이다. 도전은 가슴을 벅차게 하고 열정에 불을 지펴 못 가본 길을 가게끔 한다. 도전하는 자는 평범하게 사는 것을 기구하게 여겨 적당히 사는 것을 거부한다. 각고의 노력과 꾸준한 실천을 유일한 비결로 여겨 다짐을 행동에 맞추고 행동을 계획에 맞춘다. 이들은 극한의 상황에서도 새롭게 빚어지고 거듭나기에 설령 세상의 잣대에 못 미칠지라도 마음의 고삐를 늦추지 않는다.

도전의 미덕은 자신의 강함에 있는 것이 아니라 행위의 잦음에 있다. 도전에 필요한 것은 큰 걸음이 아니라 수많은 작은 발걸음이다. 도전하는 자는 기회를 기다리지 않고 스스로 만들며 매 순간을 도약의 계기로 삼는다. 도전이란 굽힐 줄 모르고 물러설 줄 모르는 행위의 무모함이 아니다. 물처럼 삶의 유연성을 가지고 의연하게 앞으로 나아가는 것이다. 인내와 투쟁을 감내하고 실패와 넘어짐을 허락하며 소망이 미치는 곳까지 물 흐르듯 흘러가는 것이다. 그러기에 아름다운 도전은 결과는 껴안되 후회는 품지 않는다.

도전을 기피하는 자는 불가능하다는 생각만이 존재한다. 이들은 멀쩡한 두 다리를 땅에 딛고도 한 걸음도 내딛지 못한다. 산들바람이 태풍으로 바뀔 것을 염려하고 시냇물이 급류로 변할 것을 두려워한다. 하나뿐인 길조차 막다른 골목으로 여겨 상황이 내 편이 되어도 등을 보이고 환경이 뒤받쳐

져도 나아가지 못한다. 땀을 아끼려다 눈물을 낭비하는 이들에게 주어지는 것은 일상의 무료함과 처참한 굴욕 외에는 없다.

변화에 대한 능동적인 태도는 상황이 자신을 변화시키는 것보다 우월하다

변화란 내 안의 세계를 향해 행동의 돛을 올리는 정신의 출항이다. 인간은 변화를 통해 바뀌는 것을 넘어 완전히 새로워진다. 모양의 변천을 넘어 속성까지 변화된다. 변화의 가치를 아는 자는 기대를 가지고 역경에 필적한다. 변방의 기슭에서도 변화를 갈망한다. 변화에 필요한 것은 숙련된 기술이 아닌 강인한 의지임을 알기에 삶을 도모하기에 앞서 마음을 변화시킨다. 적절한 시기에 변화를 꾀함으로 내면이 요구하는 본능적인 욕구들을 충족시킨다.

변화를 거부하는 자의 가장 큰 걸림돌은 자신에 대한 합리화이다. 이들은 변화를 갈망하면서도 습관적으로 우유부단함을 표출한다. 마음이 한결같지 않으므로 기분 여하에 따라 태도가 바뀐다. 변화를 쇄신의 수단이 아닌 불편과 고통으로 간주하기 때문에 어떡해서든 비껴가려 한다. 하지만 변화의 기로에서 머뭇거림으로 원치 않는 곳에 한없이 머물게 된다. 또한 안주하고 있던 버거운 현실에서 더 불안정한 상황을 맞이한다. 나아가 최악의 상황에서 강제적으로 변화돼야 하는 억압된 상황에 직면한다.

인간은 '낯선 것'과 '낯선 곳'에서도 자발적인 변화를 이루고자 하는 용기를 지녀야 한다. 특히 변화에 대한 능동적인 태도는 상황이 나를 변화시키는 것보다도 훨씬 우월한 일이다. 제아무리 선한 것도 불순한 동기로 시작하게 되면 과정이 힘겹고 결과 또한 흐리다. 좋은 변화보다 중요한 것은 변화를 대하는 바른 태도인 것이다. 하지만 놀라운 변화도 그 시작은 단순한 생각과 가벼운 움직임에서 비롯된다.

66

고난은 험악해 보여도
풍성함이 감춰져 있어
많은 열매를 맺게 한다

고난은 인간을 쓰러뜨리기 위함이 아닌 견고히 세우기 위함이다. 고난을 통해 마음이 온전해지면 삶의 터전도 굳건해진다. 죽었던 정신이 되살아나고 삶의 절박함으로 찾고 구하게 된다. 영혼의 눈이 뜨여 보지 못한 것을 보고 시시각각 변하는 상황을 새롭게 해석한다. 쓰디쓴 고난이 삼킬 만큼 순하게 느껴지고 고난의 한복판에 서는 것이 더 이상 두렵지 않다. 고난을 경험한 자는 삶이 순탄해져도 이전처럼 도태되지 않는다.

유독 의로운 사람일수록 고난이 많다. 이들의 고난은 하늘의 징계가 아닌 합당한 간섭이어서 크나큰 유익이 있다. 고난의 바다를 건너 지혜의 샘을 손에 넣고 고난의 골짜기를 통과해 희망의 문을 발견한다. 고난을 통해 인격이 연단되고 삶은 정련되어 불순물이 제거된 순금 같은 존재가 된다. 시대의 영웅들은 살 소망마저 끊어진 것 같은 고난 속에서 자라 실낱같은 희망을 고대하던 세상을 구원했다. 위대함이 부여된 찬란한 영광은 고난의 쓴 잔을 들이킨 자만이 누릴 수 있다.

역경을 겪지 않은 삶은 지극히 평범하다. 오랜 세월을 살아도 삶의 일부밖에 모른다. 즐거움의 값어치는 매길 줄 알아도 괴로움 가치는 가늠할 줄 모른다. 역경은 피해가면 더 큰 시련과 맞닥뜨린다. 심지어 역경이 없으면 나태를 넘어 타락의 길로 들어선다. 역경 없이 찾아온 성취의 기쁨은 그 농도가 턱없이 낮아 거머쥔 성취는 행운에 불과하다. 프랑스 속담처럼 '역경은 인간을 낳고 행운은

괴물을 낳는다.'

역경은 불평으로 물리치거나 불만으로 걷어낼 수 없다. 오직 의연함으로 역경의 한복판에 서고자 할 때 이겨낼 수 있다. 그러기에 역경에 처했을 때 가장 위험한 태도는 낙심이다. 낙심은 넘어진 자를 아주 엎드려지게 한다. 현명한 눈으로 상황을 직시할 때만이 역경은 창조적 도구가 되어 뜻밖의 현상을 창출한다. 절망 가운데 소망을 발견하게 하고 어둠 가운데 빛을 경험하게 한다. 그럴 때 역경은 더 이상 머물지 않고 서둘러 인간의 곁을 떠난다.

67

인생은 노력의 밥물이 잦을 때까지 뜸을 들여야 속속들이 익는다

쉼은 시의적절해야 효과가 있다. 너무 긴 휴식은 고통이고 노동 없는 휴식은 태만이다. 지나친 쉼은 밤잠을 설치게 해 아침에 일어나지 못하게 한다. 쉼은 발자취를 돌아보는 인생의 구간이자 내디딜 발걸음을 준비하는 지점이다. 시간을 버리는 것이 아닌 때를 얻는 것이고, 정체된 것 같지만 성취할 수단을 얻게 한다. 지혜로운 자는 쉼을 통해 과열된 삶을 식히고 속도를 조절하며 방향을 바로잡는다.

인간은 시간과 공간을 활용해 희망과 절망 가운데 의도적으로 쉼을 누릴 수 있는 여유를 가져야 한다. 오랜 휴식은 삶을 무기력하게 하지만 쉼 없는 노동은 위험에 노출되기 때문이다. 브레이크 없이 질주하는 낡은 자동차는 예기치 못한 방지 턱에도 차량 전체에 심각한 타격을 입힐 수 있다. 그러기에 영국의 소설가 허버트 조지 웰스Herbert George Wells의 말은 이 시대에도 여전히 유효하다. '조금만 쉬어라. 더 빨리 끝내기 위하여!'

뜸은 시간을 필요로 하는 기다림이자 성취의 과정 가운데 가장 중요한 시간이다. 설레는 마음으로 받을 것을 기다리는 마지막 시간이자 완전한 마침을 준비하는 새로운 시간이다. 뜸은 멈춰선 것 같지만 시간 속에 여전히 걷고 있는 보이지 않는 발걸음이다. 지혜로운 자는 언 땅에서 봄을 준비하는 새싹처럼 뜸을 통해 새로운 도약을 준비한다. 뜸의 중요성을 알기에 기다림 속에서 지치지 않는다. 그 인생이 뜸을 통해 숙련되고 장성한다.

뜸을 경시하는 자는 숙성熟成보다 속성速成을 중요시하기에 뜸을 시간의 낭비로 여긴다. 뜸을 하찮게 여긴 그 짧은 시간으로 인해 기나긴 시간동안 많은 실패와 좌절을 경험한다. 이들은 어떤 일에도 능숙함을 경험할 수 없어 그 자리가 오래 존속되지 않는다. 인생은 노력의 밥물이 잦을 때까지 뜸을 들여야 결과가 설지 않고 속속들이 익는다. 얻기 위해 묵묵히 기다리고 맺기 위해 적당히 기다리는 것이 인간의 진정한 앎이다.

68

인내는 인격을 연단하여
인간의 온전함과 성숙함을 갖추게 한다

인내란 집요함이 응집된 끈기이다. 인내는 인간의 온전함과 성숙함을 갖추어 쓰임 받기에 부족함이 없게 한다. 인내가 겸비된 자는 강한 자이기에 어떤 일에 대한 시작은 곧 그 일에 대한 결과를 짐작케 한다. 인내는 신앙과도 같아 불가능한 일도 가능하게 하고 기대하는 것 이상의 큰 일을 이뤄낸다. 도전할 수 있는 선택의 폭 또한 넓어 유리한 고지를 선점하고 시작한다. 조개가 인내를 통해 진주를 얻는다면 인간은 인내를 통해 영광을 얻는다. 인내야말로 소망을 이루기 위한 탁월한 기술이자 정신에 깃든 보배이다.

포기란 연약함의 다른 이름이며 인내에 대적하는 가장 큰 적이다. 인간을 참담하게 하는 건 실패보다 포기일 때가 더 많다. 인내가 바라는 것보다 더 많은 걸 얻게 해준다면 포기는 생각했던 것보다 더 많은 것을 잃게 한다. 낙심이 무기력증으로 이어지고 상심은 두려움으로 옮겨져 삶을 의기소침하게 한다. 할 수 있는 일도 안 될 것이라 단정하고 한 가지의 가벼운 일을 앞에 두고 열 가지의 무거운 걱정을 하게 한다. 인내가 결여된 뼈대 없는 의지로 운명에 맞서봤자 결말이 처량할 뿐이다.

그러기에 인간은 포기하고 싶은 감정을 소망으로 억누르고 삶이 요구하는 고통을 인내로 감내하며 의지가 미치지 못하는 곳까지 끈질기게 파고들어야 한다. 신약 성경 〈갈라디아서〉에 기록된 것처럼 '선을 행하되 낙심하지 말 것은 포기하지 않으면 때가 이름에 거둘 것'이기 때문이다.

69

선택에 욕심이 깃들면
분별력이 흐려진다

사리를 분별하지 못하면 어정쩡한 태도를 취한다. 분별력이 결여되면 옳고 그름과 좋고 나쁨을 구분하지 못한다. 장고長考 끝에 악수를 두고 최상의 상태에서 최악의 선택을 한다. 그리스의 시인 테오그니스Theognis의 말처럼 '분별은 인간이 가진 최상의 것이지만 분별이 부족하면 최악의 것이 된다.' 선택보다 선행돼야 할 것은 분별이지만 지나치게 함몰되면 우매함을 드러낸다. 냉철한 이성으로 적당한 시간 안에 분별하는 것이 최고의 선택이다. 분별은 사고와 지식에 근거하되 객관적인 시각으로 접근해야 한다. 감정에 기인하면 목이 타는 갈증 가운데 적이 내미는 양잿물을 의심 없이 마시게 된다.

인생은 무수한 시간 속에서 수많은 선택을 해야 하는 끝없는 분별의 과정이다. 인간은 분별과 선택의 결과를 통해 삶을 억압받기도 하고 더 많은 자유를 누리기도 한다. 그야말로 뿌린 대로 거둔다. 선택의 기준은 많은 것을 얻기보다 감당하는 것에 마음을 두어야 한다. 선택에 욕심이 깃들면 분별력이 흐려지기에 선택하기에 앞서 버릴 것을 염두에 두면 분별이 쉬어진다. 분별에 있어 가장 중요한 것은 선택하는 것이 과연 선한 것인지에 대한 본질적 물음이다. 이러한 의문을 던지는 자는 돌무더기에서도 옥석을 가릴 줄 안다. 화려해도 무익하면 가차 없이 버리고 초라해도 유용하면 반드시 취한다. 쥐도 구멍을 가려서 거처를 삼는다.

70

삶은 비움 없이 새로워질 수 없고
인간은 비움 없이 성숙해질 수 없다

인생은 역설이다. 낮아지고자 하면 높아지고 비우고자 하면 채워진다. 심지어 쓰레기통조차도 비우지 않으면 채울 수 없다. 삶은 비움 없이 새로워질 수 없고 인간은 비움 없이 성숙해질 수 없다. 비움으로써만이 삶을 옥죄지 않고 품을 넉넉히 열어 온전해질 수 있다.

비움은 인생의 의미를 깨달은 자만이 실천할 수 있다. 가치 있는 것에 마음을 두고 사는 자는 집착과 소유에 해방되어 언제라도 비울 수 있다. 이들은 비움으로 충만함을 누리기에 사소한 것에서도 유익을 얻는다. 모두가 위태로운 상황에서 홀로 삶을 보존하고 돌아갈 곳을 예비해 둔다. 비움은 지혜로운 자의 생존법이다.

비움을 손해로 여기는 자는 백발이 되어도 아이다움에서 탈피할 수 없다. 비움 없는 마음 밭에는 욕망 외에는 자랄 수 있는 것이 없다. 내보내지 않고 가두기만 하면 부패가 심화되어 삶의 근간이 썩어 들어간다. 겉모양만 화려한 꽃꽂이처럼 시간이 지나면 역겨움을 자아낸다. 그러기에 인간은 비우라는 내면의 소리를 두려움으로 받아들여야한다. 삶의 무너짐은 비움 없는 채움에서 오기에 소망과 욕심의 공존 속에서 비움에 마음을 더 내주어야 한다. 한 가득의 채움이 아닌 한 줌의 비움을 통해 가난한 영혼을 살찌워야 한다. 하늘의 은총은 주먹을 편 손에만 임하는 법이다.

71

마음이 서두르면 행동이 서투르고
발이 급하면 잘못 간다

여유는 지혜의 산물이고, 조급은 어리석음의 산물이다. 여유는 시간을 탄력적으로 활용하는 효율적인 행위여서 완전한 상태로 목적지에 당도하는 것은 언제나 여유이다. 여유로운 자가 걷는 직선주로는 조급한 자가 뛰는 곡선주로보다 빠르다. 여유와 조급은 상황 가운데 반응하는 것이 극명하게 갈린다. 여유로운 자는 움직이기에 앞서 생각하고 조급한 자는 행동하고 나서 생각한다. 전자는 장애물을 디딤돌로 삼지만 후자는 걸림돌로 여긴다. 여유롭게 노를 젓는 자는 바람의 도움을 받는다고 생각하지만 조급한 자는 바람이 옷자락을 잡아당긴다고 착각한다. 이들은 매사 조급함이 화근이 되어 순탄한 일조차 망친다.

조급함은 우매한 자의 치명적인 약점이다. 인간은 느긋함이 지나쳐서 실패하는 것보다 서둘러서 실패하는 경우가 더 많다. 조급하면 얻고자 하는 것이 클수록 더 많은 것을 잃는다. 과정 가운데 근심을 가중시키고 잠재된 힘마저 고갈시킨다. 마음이 서두르면 행동이 서투르고 발이 급하면 잘못 간다. 지혜가 따라올 여유가 없어 방해거리만 늘어난다. 마음이 급하다고 해서 어미 뱃속의 송아지를 끄집어 낼 순 없다. 후한의 사상가 왕충王充의 말처럼 '소 잡는 칼로 닭을 잡을 수 있지만 닭 잡는 칼로는 소를 잡을 수 없다.' 갈증을 해소하는 시원한 물조차도 급히 마시면 체해 몸을 상하는 법이다.

시점을 잘 잡는 것은 만사를 주관하는 기막힌 방편이다

관점의 중요성은 같은 곳을 바라보되 다른 사고를 하는 것에 있다. 차원이 다른 관점은 더 멀리 보고 더 깊이 본다. 나무 한 그루를 보고도 자연을 연상하고 거대한 자연을 넘어 광활한 우주까지 다다른다. 이러한 범주에 속한 자는 다가올 일들을 예측하고 구체화해서 가능성과 한계를 저울질하고 유용한 것을 선별한다. 객관적인 관점에서 전체적인 맥락을 유추하고, 연관성이 있는 것을 찾아내어 설정한 기준의 적합여부에 따라 적절히 수용하고 융합시킨다.

상황과 대상에 따라 새로운 접근법을 시도하고 축적된 기술과 경험은 활용하되 절대화하지 않으며 떠오르는 발상은 통찰을 통해 형체를 뚜렷이 한다. 이들은 과거를 거슬러 올라가 미래를 볼 수 있는 탁월한 안목이 있기에 사면초가에 놓여도 쉽게 비상구를 찾아낸다.

시점을 잘 잡는 것은 만사를 주관하는 기막힌 방편이다. 시점의 중요성은 시의적절한 상황을 정확히 포착하는 안목에 있다. 뚜렷한 목표의식으로 잦은 성취를 경험한 자는 시간의 흐름 가운데 발을 담그고 손을 뻗쳐야 할 적합한 시기를 알고 있다. 이들은 지식과 정보를 비교 분석하여 방향을 설정하고 확신이 깃든 주관을 첨가해 목표물이 사정권에 들어오면 과감하게 행동을 취한다.

목표로부터 시선을 거두지 않고 연관된 것이면 사소한 것조차 실마리로 여기며 계속해서 오감을 작동하고 관찰한다. 또 다시 기회가 올 것이라는 낙관적인 생각을 경계하고 작금의 상황이 자칫 실존적 위협이 될 수 있다는 사실을 자각하며 집중력을 흐리지 않는다. 쇠가 뜨거울 때 두드리지 않는 대장장이는 굶어죽기 십상이다.

73

성장은 교훈을 받아들임으로 자라고
가르침을 실천함으로 또 한 번 자란다

성장이란 단순히 신장이 자라고 무게가 증가하는 것을 의미하지 않는다. 불필요한 것을 깎아내고 덜어냄으로 영양분이 필요한 곳에 집중되어 내면이 장성한 분량에까지 이르는 것이다. 젖을 떼고 단단한 음식을 먹고 걸음마를 떼고 전력질주할 수 있는 차원 높은 단계까지 도달하는 것이다. 성장하기 위해선 먼저 부족함을 인식해야 한다. 변화에 대한 갈망을 추구하고 간절함의 고삐를 당기며 열정에 박차를 가해야 한다. 교훈을 받아들임으로 자라고 가르침을 적용함으로 거듭 자라야한다. 이를 실천하는 자는 갓난아기처럼 하루가 다르게 그 모습이 변모되어간다. 한날한시에 태어난 사람들과 상반된 삶을 살아가고 주변 사람들조차 동화되어 간다. 이들은 무화과처럼 꽃은 없어도 풍성한 열매를 맺는 역설적인 경험도 한다.

성숙이란 말과 행동이 조화를 이루며 한쪽으로 치우치지 않은 균형 잡힌 모습이다. 성숙은 내적인 것이 돋보이는 것이며 그 핵심은 인격에 있다. 성숙은 혼자 있을 때 드러나지 않는다. 누군가와 살이 부대끼고 삶이 뒤섞일 때 비로소 나타난다. 이러한 범주에 속한 자는 다른 이의 치부를 자신의 연약함으로 생각하고 그들의 상처를 자신의 아픔으로 여긴다. 눈빛을 보고 뜻을 헤아리고 마음의 귀를 기울여 심정을 헤아린다. 각별한 마음이 타인의 가슴에도 전해지기에 삶이 머무름으로 어떤 슬픔도 지나가게 한다. 천사의 심장을 가지고 고결하게 살아가는 이들은 어둠속에서 더 푸르다.

74

건강하지 않아도 행복할 수 있지만 그 행복이 너무도 짧다

운동은 병을 멀리하는 최고의 예방책이며 건강을 유지하겠다는 강력한 의지이다. 꾸준한 운동은 좋은 보약보다 낫기에 보약을 통해 얻는 것보다 운동을 하지 않아 잃는 게 더 많다. 운동에 관한 백 권의 책을 읽는 것보다 한 번의 운동이 낫고 게으름에 찌든 비대한 육체보다 땀에 찌든 왜소한 몸이 낫다. 영국 속담처럼 '우유를 마시는 사람보다 그것을 배달하는 사람이 건강하다.'

운동을 고달픔으로 여기면 병이라는 더 큰 고

달픔이 찾아온다. 운동으로 마음을 웃게 하지 않으면 몸은 병 때문에 울게 된다. 운동할 시간을 짧게라도 내지 않으면 병을 치료하기 위해 기나긴 시간을 내야 하는 불행의 날이 찾아온다. 중병에 걸리고 나서 건강의 소중함을 깨닫는 것처럼 최악의 교훈은 없다.

건강은 최고의 자산이 아니라 삶의 으뜸이다. 건강을 잃는 것은 몸의 일부를 잃는 것이 아닌 삶의 전부를 잃는 것이다. 그러기에 건강은 사랑하는 사람을 지켜야 할 의무보다 앞서야 한다. 건강을 잃으면 상대가 나를 돌봐야 하는 불편함 속에 살아야한다. 화목한 가정도 한 사람이 건강을 잃으면 행복을 보장할 수 없다. 건강하지 않아도 행복할 수 있지만 그 행복이 너무도 짧다. 건강을 잃고 나서 몸을 소중히 여기는 것처럼 식상한 후회도 없지만, 건강을 있다가도 없는 돈으로 생각하는 것처럼 위험천만한 발상도 없다.

75

진정한 아름다움은 안에서 솟아나 밖에서 맴돈다

아름다움은 자신에게는 환희이고 남에게는 황홀함이다. 아름다움은 너무도 감미로워 타인의 마음을 자극하고 부러움을 유발한다. 아름다움은 인격적인 결점도 가릴 만큼 치명적이어서 사람들은 시야에서 멀어져도 그들의 아름다움을 가슴에 품고 돌아선다. 아름다움은 쉽게 눈에 뜨이고 말없이 존재감을 드러낸다. 인색한 사람에게서조차 찬사를 받는 특별한 권리도 누린다. 게다가 아름다움을 유지하는 동안 늙는다는 사실조차 망각하기에 같이 나이를 먹으면서 남이 모르는 기쁨을 누린다.

수려한 외모가 매력이 될 수는 있어도 삶의 아름다움을 대변할 순 없다. 시선을 사로잡는 것은 외면의 아름다움이지만 마음을 사로잡는 것은 내면의 아름다움이다. 진정한 아름다움은 안에서 솟아나 밖에서 맴돈다. 누군가의 말처럼 '손보다 가슴이 따뜻하고 얼굴보다 마음이 아름다운 사람의 향기가 멋이다.' 외면만 치장하고 내면을 소홀히 하면 고유의 아름다움을 잃어버린다. 한쪽으로 치우치면 아름다움의 부조화속에서 몸부림치는 엉성한 삶이 된다. 그리스 철학자 데모크리토스 Democritos의 말처럼 '마음의 아름다움을 잃어버린 육체의 아름다움은 동물들의 장식에 불과하다.'

겉의 아름다움은 속과 조화를 이룰 때 월등함을 나타낸다. 수려한 외모와 반듯한 행동에서 우러난 세련됨이야말로 고상한 품격이 깃든 가장 멋스러운 것이다. 안을 훼손하지 않으면서 밖을 가꾸는 것이 아름다움을 추구하는 가장 좋은 방법이다. 그럴 때 시인 존 키츠John Keats의 말처럼 '아름다움은 영원한 기쁨'이 될 수 있다.

76

야망의 도구로 전락한 명성은
찬란해도 빛이 나지 않는다

명성名聲은 구하는 것이 아니라 주어지는 것이고 알리는 것이 아니라 전해지는 것이다. 어리석은 자는 명성을 높임으로 되레 평판을 깎아내린다. 야망의 도구로 전락한 명성은 찬란해도 빛이 나지 않는다. 이들에게 명성이 주어지면 세상을 호령하는 근엄한 왕으로 착각하여 군중 속에서 날로 타락해간다. 명성을 화려한 왕관으로 여겨 그 무게를 감당하지 못해 삶이 주저앉는다. 타인을 위한 혹은 부득이한 명성이 아닌 명성을 위한 부도덕한 삶이라면 그것은 한 번 쓰고 버리는 가면에 불과하다.

삶을 훼손하며 명성을 얻은 자는 더러움으로 이름을 날린다. 이러한 명성은 훔친 물건보다 가치가 없어 그의 삶은 씨를 뿌려도 열매를 맺지 못하는 척박한 땅이 된다. 명성을 얻음으로 더 많은 것을 잃고 그나마 있던 것마저 빼앗긴다. 명성은 한 순간에 치솟다가 한 번의 불미스러운 일로 단 번에 곤두박질친다. 실추된 명성이 회복되는 경우는 드물어 명성은 그것을 두렵게 여겨야만이 가치가 있고 길이 보존된다. 명성을 겸손으로 길들이지 못하면 삶이 교만에 의해 다스려진다. 현명한 자는 명성을 허울로 여겨 미덕보다 이름이 드러나는 것을 경계한다.

명예는 명성보다 값지고 이름보다 빛난다. 명예는 밤하늘의 별과 같아서 변방에서도 빛을 발해 세인들의 주목을 받는다. 명예가 인간의 가치를 가늠하는 표준으로 활용되어 도움의 손길이 필요한 상황에서 확실한 담보가 되기도 한다. 그러기에 사람들은 명예를 얻거나 유지하기 위해 그보다 못한 것은 서슴없이 버린다. 심지어 명예를 잃는 것을 치욕으로 여기는 자는 그것을 되찾기 위해 삶을 내주고 목숨까지 버린다. 사람은 떠나가도 명예는 남기 때문이다.

명예는 소중한 것이지만 명예욕에 사로잡히는 것은 대단히 위험하다. 명예가 드높은 사람일수록 잘못을 인정하는 것이 어렵기 때문이다. 이들은 명예에 작은 흠집이 생겨도 크나큰 품위의 손상으로 여겨 교묘히 잘못된 관행을 따른다. 흠결을 찾을 수 없는 완전무결함으로 가장하기 위해 은밀하게 힘을 집중하고 사활을 건다. 죄악이 수면 위로 떠오르지 않도록 편법의 줄에 불법의 돌을 묶어 비밀스럽게 가라앉힌다. 이는 고작 명예의 종이 되기 위한 불명예스러운 처사에 불과할 뿐이다. 셰익스피어의 말처럼 '명예는 장례식의 상장喪章에 지나지 않는다.'

책은 삶을 진전시키는
가장 효율적인 수단이다

독서란 현인賢人들의 기억을 자세히 들여다보는 숭고한 행위이다. 직접 경험하지 않고도 쉽게 지혜를 터득하는 것처럼 현명한 일도 없다. 이는 가장 적은 비용으로 가장 큰 가치를 창출하는 일이다. 그러기에 독서를 하지 않는 것은 인간의 가장 잘못된 선택이다. 미국의 소설가 마크 트웨인Mark Twain의 말처럼 '책을 읽지 않는 사람은 글을 모르는 사람보다 나을 게 하나도 없다.'

독서는 단조로운 반복이지만 위대한 결과물

을 낳는다. 발상을 전환시켜 고정관념을 뒤집고 사고를 확장시켜 영감이 떠오르게 한다. 삶을 진단해 문제에 대한 처방을 내려주고 아는 것보다 이해하는 것의 중요함을 일러준다. 양식의 풍족함보다 양분의 귀중함을 깨우쳐주고 휘황찬란한 보석보다 반짝이는 별이 아름답다는 것을 깨닫게 한다. 인간은 책장을 넘길수록 더 인간다워진다.

좋은 책은 과거에 쓰여 졌을지라도 현세의 가르침을 뛰어넘는 월등함이 있다. 삶을 교훈하고 책망하며 의로 교육하기에 유익함이 있어 죽은 사상도 흔들어 깨운다. 한 문장에 지혜가 응집되어 있고 한 페이지에 장구한 세월이 녹아있어 이로 인해 생각이 자라나 하늘에 가 닿을 수 있다. 책은 마음의 키를 자라게 하여 인간을 장성하게 한다. 책은 길을 잃은 자의 손에 쥐어 준 나침판과 같아서 책을 가까이 하는 자는 인생에서 표류하지 않는다.

책은 삶을 진전시키는 가장 효율적인 수단이다. 마음의 우둔함을 깨닫게 하여 명민함을 갈망하게 하고 꿈만 꾸는 몽상가를 꿈을 이룰 수 있게 해준다. 어제의 나를 넘어서게 하고 경험하지 못한 세상을 보게 해준다. 인간은 책을 통해 존귀해지기에 우매한 자에게 책 한 권을 건네는 것은 금은보화를 품에 안겨주는 것보다 낫다. 탁월한 책을 선물하는 것은 훌륭한 위인을 소개해 주는 것과 다를 바 없다.

좋은 스승은 지식의 보급보다 인격의 확장을 중요시한다

스승이란 가르침을 넘어서는 합당한 삶을 보여주는 직분이다. 좋은 스승은 지식의 보급보다 인격의 확장을 중요시하고 배움의 유익보다 학문에 임하는 태도를 낫게 여긴다. 앎과 삶에도 끝이 있음을 깨닫게 하여 올바른 인생의 동기를 부여하고 무엇이 되기보다 어떻게 살 것인지를 고민하게 한다. 지식에 대한 의혹을 품게 함으로 탐구에 대한 열정을 지피게 하고 배움에 대한 특권을 심어주되 책임감을 겸비하도록 한다.

제자들의 잘못은 책망하되 사기는 꺾지 않고 실수는 바로잡되 의욕은 고양시키며 좋은 습관을 길러주어 제2의 천성이 깃들게 한다. 말의 명료함으로 사고의 깊이를 보여주고 행동의 귀감으로 인생의 넓이를 보여주며 가르치면서도 제자보다 더 많은 것을 배운다.

제자는 인격과 학문의 균형을 이루기 위해 고군분투하는 자리이다. 좋은 제자는 배움의 자리에 겸손함을 앞세워 현명함으로 다가선다. 배울 기회가 주어지기 전에 배울 것을 찾아 나서고 가르쳐줄 사람을 기다리기 전에 가르침을 받을 준비가 되어 있다. 보는 것을 넘어 면밀히 관찰하고, 듣는 것을 넘어 깊이 사고하며 가르친 대로 실천하고 배운 대로 살아간다.

호기심을 지적 욕구를 충족시키는 도구로 삼고, 딜레마에 빠지는 것을 유익으로 여기며, 어정쩡한 수긍보다 분명한 의문을 품어 한없이 갈등하고 고민한다. 부족함을 성장의 발판으로 삼고, 미육함을 성숙의 계기로 삼으며, 걸어온 길에 대한 아쉬움을 못 가본 길에 대한 갈망으로 대체해 더 높은 기준을 향해 도약한다. 좋은 제자는 훌륭한 스승을 넘어서는 것으로 은혜에 보답한다.

말동무에 불과한 열 명의 친구보다 한 명의 길동무가 낫다

친구는 나를 빛나게 하는 영예이다. 좋은 친구는 말없이 부족함을 채워주고 투정 없이 연약함을 도와준다. 잘못을 바로잡는 것을 두려워하지 않고 쓴 소리도 마다하지 않는다. 현명한 자는 새로운 친구를 사귀어도 좋은 친구를 멀리하지 않는다. 말동무에 불과한 열 명의 친구보다 한 명의 길동무를 소중히 여긴다. 친구는 교분이 묵혀질 때 사이가 두터워져 서로를 가치 있는 존재로 여긴다. 인생의 짐을 떠받쳐줄 넓은 어깨가 되어

주어 어려움 가운데 함께 쉼을 누리게 해준다. 오랜 세월 역경을 함께한 친구는 형제보다 낫다.

친구는 사귀는데도, 바꾸는데도 신중해야 한다. 쉽게 사귄 친구는 쉽게 떠나가고 좋은 일을 두고 사귄 친구는 오래 가지 않는다. 더구나 나쁜 친구를 만나면 좋은 습성도 망친다. 어떤 벗은 적보다 위험해 좋을 때만 친구인 척 하는 벗은 강도와 다를 바 없다. 번영을 누릴 때 찾아오는 친구는 의심하는 것이 상책이다. 이들은 친구가 불운해지면 뒤를 돌아보지 않고 떠난다. 고대 그리스의 철학자 아리스토텔레스Aristoteles의 말처럼 '불행은 진정한 친구가 아닌 자를 가려준다.'

참된 우정은 녹이 슬지 않을 만큼 매끈하고 잘려나가지 않을 만큼 견고하다. 서로를 동등하게 여기기에 한쪽으로 치우치지 않는다. 더하는 것과 나누는 것을 적절히 하고 오해가 생기지 않도록 서로에게 솔직하다. 우정은 두텁고도 여려 불신이 깃들면 앙금이 남기에 비판보다 이해를 앞세우고 서운함보다 흡족함을 우선해야한다. 같음에선 따르고 다름에선 접점을 찾으며 감정을 조율해 나가야 한다. 이러한 우정은 최악의 상황에서도 신뢰를 더함으로 원망을 덜어낸다. 틈이 벌어지는 것을 차단하며 마음의 간극을 좁힌다. 엉킨 실타래를 끊지 않고 풀고자 하는 인내를 발휘한다. 미국 격언처럼 '금은 불로 시험되고 우정은 곤경에서 시험된다.'

어떤 길은 선으로 보이나
그 속에 악이 감춰져 있어
죽음에 이른다

선을 행하는 것은 악의 대가로 벌을 받기 때문이 아닌 진리이기에 따르는 것이다. 하늘의 뜻이기에 땅에서 거스르지 않아야 한다. 양심과 이성으로 욕구를 다스리며 옳음을 선택하는 것이 인간의 본분이다. 인간은 악을 행함에는 지각이 있으나 선을 행함에는 무지해서 선한 것을 악하게 보는 것보다 악한 것을 선하게 보는 것을 더욱 경계해야 한다.

악이 마음을 꾀하여 간사함을 불어넣어도 양

심이 이끄는 대로 의로움의 건재함을 나타내야 한다. 죄를 보고 뒷걸음질 치는 것을 온당히 여겨 악은 떠밀어도 멈추고 선은 말려도 나아가야한다. 악한 것을 심고 강한 자가 되기보다 선한 것을 심고 약한 자가 되는 것을 갈망해야한다. 그럴 때 삶의 끝자락에서 청함을 받는 많은 자중에서 택함을 입는 적은 자가 될 수 있다.

악이 무서운 것은 치명적인 독을 품고 있기 때문이다. 그래서 어떤 길은 선으로 보이나 그 속에 악이 감춰져 있어 죽음에 이른다. 악은 절제가 없어 빠르고 강하게 성장한다. 생존력이 강해 소멸되기까지 죽지 않는다. 선과 악은 마음이라는 근원에 다른 뿌리를 가졌지만 악은 선보다 뿌리가 깊어 제거하는 것이 힘들다.

그러기에 악에 사로잡힌 자는 죄가 드러나는 것조차 두려워하지 않는다. 선에 익숙해지면 선인줄 모르듯 악에 능숙해지면 악인지조차 깨닫지 못한다. 모르고 저지르는 허물을 넘어 알고 행하는 죄악에 이르고 악을 멀리하는 것이 죽음을 피하는 것보다 어렵다. 선한 사람도 악에 길들여지면 죄의 굴레를 벗어나지 못해 어둠속에서 악을 밭 갈고 독을 뿌리며 죄악의 열매를 먹는다. 육신의 '약함'과 마음의 '악함'을 동시에 지닌 존재가 인간이기 때문이다.

소극적인 인간도 죄를 달콤하게 여기면 적극적인 행동을 한다

연약한 인간도 죄의 힘이 깃들면 거인의 힘을 능가한다. 소극적인 인간도 죄를 달콤하게 여기면 적극적인 행동을 한다. 죄가 반복되면 양심이 말살되고 죄의 반복이 거듭되면 영혼을 황폐화시킨다. 그러기에 인간은 어떠한 죄도 두려움으로 경계해야한다. 삶의 과녁을 벗어난 죄악의 화살은 진로를 바꾸어 자신을 향한다.

큰 죄만을 악행으로 여기는 자는 작은 죄를 실수로 여긴다. 이들은 무거운 죄를 짓고도 가벼운 마음을 갖는다. 죄는 크고 작음으로 구별되지 않고 어떤 논리로도 미화할 수 없다. 미녀에게도 죄는 아름다움으로 치장될 수 없다. 죄의 무서움은 확장성에 있다. 강력한 태풍도 작은 열대성 저기압에서 시작되듯이 인간의 죄도 그러하다. 대도大盜도 처음부터 금덩이를 훔치지 않았다. 불행히도 처음부터 죄가 드러나지 않아 그 행위가 계속된 것이다.

그러기에 인간은 죄에 대한 의식과 더불어 하늘의 눈을 의식하며 살아야 한다. 땅에서 일어나는 모든 죄는 하늘이 증인이다. 인간이 하늘 아래 사는 한 완전한 범죄는 성립되지 않는다.

죄에도 균菌이 있어 영혼에 침투하면 참혹한 결말을 낳는다. 생각은 범죄에 잠식되어 옳고 그름을 구분 못하고, 정신은 악행에 사로잡혀 진실과 거짓을 헤아리지 못하며, 양심은 죄악에 마비되어 선과 악을 분별 못한다. 마음은 두려움을 잃어 대담해지고 손발은 기능을 잃어 죄를 쫓아다닌다. 죄가 삶을 삼키어 인간의 본성은 쇠하고, 인생의 근원은 마르며 수치의 겉옷을 입는다.

선함을 뭉갰던 죄악의 칼날이 훗날 자신을 향하고 꿀같이 달아 겁 없이 삼켰던 죄악은 후일에 삶에서 쓰라림을 남긴다. 허물의 많음과 죄악의 무거움을 알고도 죄의 잔을 들이키는 자는 멸망한 사람들의 자취를 밟고 파멸의 결실로써 지면을 채운다. 천벌은 시기를 예측하지 못할 뿐 이 세상에서든 저세상에서든 반드시 내려진다.

부패란 더러움에 찌들어 악을 껴안고 선을 등지며 타락하는 것이다

인간은 죄의 달콤함으로 타락하고 삶의 쓰라림으로 타락한다. 손해를 입지 않기 위해 타락하고 이익을 도모하기 위해 타락한다. 심지어는 형통을 가장한 요행에 속아 타락하고 음모가 감춰진 공짜에 속아 타락한다. 만물보다 거짓되고 부패한 것은 인간의 마음이다. 선한 것도 인간의 손길이 닿으면 제 모습을 잃는다. 프랑스의 철학자 장 자크 루소Jean-Jacques Rousseau의 말처럼 '만물이 창조주의 손에 있을 때는 모든 것이 선하지만 인

간의 손에 넘어오면 모든 것이 타락한다.'

부패란 더러움에 찌들어 악을 껴안고 선을 등지며 타락한 상태이다. 인간은 욕심이 들끓을수록 부패가 잦아지고 탐욕에 눈이 멀수록 타락은 심화된다. 그릇된 욕망이 인간의 타락을 부추기는 강력한 근거가 된다. 그러기에 정직한 사람이 변질되어 부패가 절정에 달하면 한 줌의 양심도 허락하지 않는다. 아름다운 장미가 썩으면 어떤 악취보다 심한 법이다.

부패는 마약처럼 기분이 저하되지 않도록 정신을 마취시키고 욕구를 고조시킨다. 나약한 의지가 힘을 잃어 부패가 절정에 달하면 해악을 깨달으면서도 절망의 늪에서 헤어 나오지 못한다. 부패가 무서운 것은 밖이 아니라 안이 썩기 때문이다. 그래서 타락한 자의 마음에는 죄의 균이 기생하여 부정不正이라는 해충과 비리非理라는 구더기가 득실거린다. 부패한 생선을 썩은 냄새로 알 수 있듯이 부패한 인간은 썩은 삶을 통해 알 수 있다.

이들은 부패를 감추기 위해 거짓의 방부제를 남용하고 위선의 향수로 치장한다. 역겨움을 감추고자 선함을 드러내고 추악함을 숨기고자 천사로 가장한다. 하지만 악취가 땅 끝에 이르고 냄새가 하늘에 가 닿아 누구라도 맡을 수 있다. 교육자 백낙준의 말처럼 '부패는 힘을 소멸하는 최고의 강장제라서 안에서 구긴 것이 밖에서 펴지지 않는다.'

유혹은 처음부터
삶 전체를 담보로 하지 않는다

유혹은 아름다운 포장지에 싸인 황홀한 독약이다. 유혹은 쓴 것을 알고도 단맛을 생각하게 하고 독毒을 보고도 입맛을 다시게 한다. 반복되는 유혹은 갈등조차 없게 하고 지속되는 유혹은 죄의 땔감을 안고 불속에 뛰어들게 한다. 유혹은 삶의 이정표를 지옥으로 돌려놓는 간교한 훼방꾼이어서 유혹을 받아들이는 것은 인간의 자유를 악마의 손에 맡기는 것이다.

유혹은 허접한 방법으로 다가와 처음부터 삶

전체를 담보로 하지 않는다. 인간의 본성을 교묘히 간파하여 받아들일 만큼의 세력만 뻗쳐 나간다. '오늘 하루만', '이번 한 번만'이라는 그럴듯한 속삭임으로 두 눈과 두 손과 두 발을 순차적으로 요구한다. 시대의 영웅들도 동일한 방법으로 농락당하며 역사 속으로 사라졌다. 죄에 대한 관대함이야말로 유혹 앞에 속히 버려야 할 최악의 덕목이다.

유혹은 곧 시험이고 시험을 이긴다는 것은 거창한 것이 아니다. 그것은 있어야 할 자리를 지키며 행해선 안 될 일을 하지 않는 것이다. 불시에 찾아오는 유혹 앞에 생각을 행동으로 옮기지 않는 것이다. 마르틴 루터Martin Luther의 말처럼 '새가 머리 위로 날아가는 것은 막을 수 없지만 새가 머리 위에 둥지를 트는 것은 막을 수 있다.'

유혹이 삶에 해악이 되는 것만은 아니다. 인간은 시험을 이겨내는 것으로 또 하나의 과정을 매듭지으며 진전을 도모한다. 시험을 통해 인내와 겸손을 배우고 성품이 정교히 다듬어진다. 시험을 통과하고 나서 그것이 성장의 기회였음을 아는 자만이 마음을 다스리며 천하를 호령할 수 있다.

회개는 죄의 들판을 벗어나 거듭남으로 진입하는 신성한 길목이다

후회는 행위의 흔적을 찾아나서는 과거로의 쓰라린 되돌림이다. 이는 솔직한 감정의 표현이기에 자신을 지나치게 죄인으로 취급할 것도 없다. 후회만으론 소모된 눈물과 시간을 거둬들일 수 없기에 거기서 교훈을 얻을 수 있다면 잃고도 얻는 셈이 된다. 그럼에도 후회란 결코 반복되어선 안 될 일이다. 후회가 습관처럼 거듭되면 삶에 해악을 끼치고 후회에 몰두하면 용기는 자취를 감춘다. 앞선 행위에 변명의 여지가 있을지라도 모든 것이 나쁘게 비춰진다. 후회를 되풀이하지 않겠다는 다짐만으로도 부족하다. 그것은 마음의 짐을 덜어낼지언정 삶을 정상적인 궤도로 이끌지 못한다. 돌이킴 없는 무익한 다짐은 도리어 양심을 무뎌지게 해서 심령을 병들게 할 뿐이다.

진실 된 자는 후회를 넘어 삶을 돌이키는 합당한 회개가 뒤따른다. 허물이 드러난 것을 부끄러워하는 것이 아닌 잘못을 범한 것을 수치스럽게 여겨 통회하는 심정으로 가슴을 찢는다. 마음속의 거짓과 불의를 토해내며 삶을 정화시킨다. 참된 회개는 자신의 아둔함을 탄식하고 유익한 근심을 하게 만들어 죄에 대한 두려움을 갖게 만든다. 하지만 그 두려움이 남은 생애를 더 이상 비참하게 하지 않는다. 불이 되어 삼킬 것 같은 깊은 두려움이 결국 자신을 지켜준다. 이러한 회개는 죄의 들판을 벗어나 거듭남으로 진입하는 신성한 길목이 된다.

85

지나친 자유가
위험을 초래한다고 인식하면
삶은 더 안전할 수 있다

자유는 사회적 법률에 근거하되 도덕적 양심에 더 큰 무게를 두어야 가치가 있다. 양심과 도덕이 쳐 놓은 울타리 안에서의 제약된 삶이 진정한 자유다. 자유와 방종을 구분하지 못하면 고삐 풀린 망아지처럼 제멋대로 날뛰는 것이 자유를 누리는 것이라고 착각한다. 이러한 자유는 폭군이 쥔 채찍보다 위험해 사회에 크나큰 해악을 끼친다.

방종은 이성을 상실하고 감정에 기인할 때 시작된다. 그러기에 자유를 누리기에 앞서 선행되어야 할 것은 삶을 경계하는 일이다. 이성으로 감정을 다스리고 좋은 습관으로 나쁜 습성을 제어해야 한다. 인간의 연약한 본성을 자각하고 책임이 부여된 자유를 의식하며 스스로를 억제해야 한다. 삶은 통제할 수 있는 능력을 갖출수록 더 많은 자유를 누릴 수 있다. 지나친 자유가 위험을 초래한다고 인식하면 삶은 더 안전할 수 있다.

인간은 자유를 누리는 것에 막중한 책임을 가져야 한다. 자유의 변질은 곧 타락을 의미하기에 자유에 한계를 정함으로 더 고귀해져야한다. 날마다 자제력을 수반함으로 자유를 확장해나가야 한다. 자유는 수호하기도 힘들지만 되찾기는 더 어려운 것이다. 인간에겐 자유 없는 풍족한 삶보다 자유가 보장된 빈곤한 삶이 언제라도 낫다. 풍요로운 땅에 세워진 자유의 여신상은 한 발자국도 움직일 자유가 없어 불행하다.

인생에서 가장 중요한 날은
영광스런 어제가 아닌
상처투성이인 오늘이다

오늘이란 인간에게 허락된 가장 확실한 날이며 오늘만이 온 세상이다. 화려한 어제일지라도 그 시간은 과거의 장식일 뿐 나를 단장하게 하는 것은 오늘이다. 아픔을 주지 못하는 내일보다 상처를 입히는 오늘이 소중하기에 인생에서 가장 중요한 날은 영광스런 어제가 아닌 상처투성이인 오늘인 것이다.

오늘의 주인으로 사는 자는 인생의 주인으로 살 수 있다. 오늘을 잃을까 싶어 노심초사하는 자는 결코 시간을 낭비하지 않는다. 오지 않을 내일에 대한 불확실함을 갖고 오늘이라는 시간 속에서 내일의 몫까지 감당하며 후회 없이 산다. 오늘을 삶의 전부로 여겨 인생을 하루에 몰아넣으며 열정적으로 살아간다.

후회란 오늘을 헛되이 흘려보낸 이들의 전유물이다. 우매한 자는 오늘의 시간 속에서 내일에 마음을 쏟고 현명한 자는 화려한 내일을 노래하기보다 소박한 오늘을 찬미한다. 신은 어제의 부족함을 채우라고 오늘을 주었기에 인간은 오늘을 독차지해서라도 내 것으로 만드는 특권을 누려야 한다. 오늘을 일상에 접목시켜 새순을 돋게 하고 내일의 삶에 꽃을 피워야 한다. 주어진 오늘을 보석처럼 값지게 여기면 도둑도 훔칠 마음이 생긴다.

87

과거에서 유익을 얻지 못한 자에게는 무익한 미래가 있다

과거를 돌아보는 것은 미래를 내다보는 것만큼이나 중요하다. 교훈은 미래가 아닌 과거에서만이 얻을 수 있다. 과거에서 유익을 얻지 못한 자에게는 무익한 미래가 있을 뿐이다. 하지만 과거를 교훈삼아 미래를 설계하는 것은 좋지만 과거에 몰두하면 미래를 낭비한다. 과거의 노예로 살면 미래에서도 정복당한다. 과거에 사로잡힌 자는 미래를 바꿀 동력이 없어 시간 속에 묻힌다. 그러기에 과거는 구차하게 생각해서도 안 되지만 애석하게 생각해서도 안 된다. 과거에 등을 돌려도 안 되지만 가슴을 내밀어서는 더더욱 안 된다.

과거는 시간 속에 타버린 재에 불과하다. 시계바늘이 거꾸로 돈다고 해서 과거로 돌아가진 않는다. 온 인류가 머리를 맞대도 과거의 일부도 복원할 수 없다. 흘러간 물로는 방아를 찧을 순 없다. 아리스토텔레스의 말처럼 '신조차도 과거를 개혁할 수는 없다.' 미래에 대한 의무는 가지되 과거에 대한 집착은 가져서 안 된다. 미래는 예측할 수 있어도 과거는 예측할 수 없는 무상한 것이다. 인간은 과거에서 잃은 것을 미래에서 얻어야 한다. 남은 생은 과거가 아닌 미래에서 마쳐야 한다. 인생은 과거보다 미래에서 취할 수 있는 것이 많기에 고대할 수 있는 것이다.

88

젊음은 얻고자 했던 많은 것들이
허무하다는 것을
노년보다 앞서 깨닫지 못한다

젊음은 도전과 무모함이 어우러져 상처를 입고 흉터를 남기는 시기이다. 삶의 의미보다 삶의 목표를 지향하기에 깊이보다 높이를 우선한다. 옳고 그름의 경계에서 호기심이 발동하면 유혹의 간을 보고 충동을 주체 못하면 경험의 맛을 본다. 모습에 강인함은 있으나 사고의 유연함은 부족하고 중요한 것은 알되 소중한 것은 자각하지 못한다. 계획은 풍성하되 치밀함은 결여되고 성공의 유익은 알되 실패의 가치는 깨닫지 못한다.

인내보다 열정을 내세우고 지혜보다 지식을 앞세우며 삶의 무게를 견딜 강한 어깨를 갖기보다 가벼운 짐을 원한다. 멀리 있는 확실함을 쫓기보다 가까이 있는 불확실함에 손을 내밀고 별의 찬란함을 바라보되 이슬의 영롱함은 보진 못한다. 그러기에 젊음은 얻고자 했던 많은 것들이 허무하다는 것을 노년보다 앞서 깨닫지 못한다.

노년은 삶의 초연함으로 모든 것을 내려놓고 마음이 가벼워진 시기이다. 나아감과 물러섬을 헤아리고 굽히는 것과 펼치는 것의 시기를 가늠하며 판단력이 떨어지면 말수를 줄여야 함을 안다. 책임을 의식해 먼발치에서 결과를 유추하고 일의 완벽함보다 삶의 완전함을 추구한다. 애매함과 분명함의 차이를 알기에 덧없는 질문보다 확실한 해답을 원하고 장황함보다 명료함을 낫게 여긴다. 유용함과 무익함을 구분함으로 누가 나은 것보다 무엇이 옳은지를 판단하고 말과 행동을 신중하게 한다.

사물에 대한 호기심보다 사람에 대한 관심이

크기에 지식을 받아들이는 것보다 마음을 내주는 것을 소중히 하고 이해할 수 없어도 수긍할 줄 아는 아량을 가진다. 위엄보다 덕을 앞세우고 기억보다 기록에 의존하며 활동에 대한 갈증보다 안식에 대한 목마름이 크다. 그러기에 일상의 분주함보다 마음의 유쾌함을 낫게 여기며 산다.

세월 앞에선 아름다운 것도
티끌이 되고 강한 것도 재가 된다

세월은 인간을 집어삼키고 기초와 터전은 물론 본성과 바탕도 변화시킨다. 어떤 것은 분해하고 어떤 것은 소멸시켜 애초에 없었던 것처럼 흔적을 지운다. 공간을 파고들어 미지의 세계를 만들기도 하고 빛에게 길을 내주어 생명의 근원이 싹트기도 한다. 만물의 변화는 더딘 것 같지만 여전히 지속된다. 곧은 것과 구부러진 것도, 패인 곳과 메인 곳도 세월 속에 변한다. 모진 비바람을 견뎌내던 뿌리 깊은 나무가 땔감이 되기도 하고, 뽕

나무밭이 변하여 허허벌판이 되기도 한다.

위용을 자랑하던 거대한 바위가 묻히기도 하고, 높은 언덕이 변하여 깊은 골짜기가 되기도 한다. 세월 앞에선 제아무리 아름다운 것도 티끌이 되고, 제아무리 강한 것도 재가 된다. 해 아래에선 오직 생성과 소멸만이 반복될 뿐 인간의 희색만면 喜色滿面도 살아있는 것들의 위풍당당도 세월의 변화 속에서는 본 모습을 지켜낼 수 없다. 이는 보이지 않는 존재에 의해 다스려지는 자연의 섭리이자 오묘한 질서이다.

인간은 나이를 비켜갈 수는 없어도
세월의 한복판에서 떳떳할 수는 있다

살아온 세월이 많을수록 살아갈 나이는 적어진다. 늘어나는 과거만큼이나 다가오는 미래는 줄어든다. 나이는 생각보다 빨리 먹고 세월은 느끼는 것보다 빠르게 흘러간다. 세월이란 젊음에게는 더딘 것이고 노년에게는 빠른 것이어서 연소한 자에게 세월은 오는 것이고 연로한 자에게 세월은 가는 것이다. 하지만 보이지 않는 것은 실체가 없어 많은 나이를 헤아릴 순 있어도 적은 세월을 헤아릴 수는 없다. 호흡이 멈춰야 만이 산자가 죽은 자의 세월을 가늠할 뿐이다.

세월의 빠름을 아는 자는 주어진 운명에 맞서고자 적합한 나이를 따지지 않는다. 인생의 무상함을 깨달은 자는 나이를 덧없게 여겨 지혜로움으로 세월을 아낀다. 중년까지는 세월에 끌려왔어도 이후로는 세월에 올라타 주인행세를 한다. 나이가 사람을 늙게 하는 것이 아닌 세월이 사람을 늙게 하는 것임을 상기하며 먹은 나이를 도구 삼아 인생의 정원을 가꾼다. 인간의 일생이 한날 풀과 같고 부귀영화도 들판의 꽃과 같음을 깨달아 웃음도 눈물도 허비하지 않는다. 인간은 나이를 비켜갈 순 없어도 세월의 한복판에서 떳떳할 수는 있다.

사람은 순간의 쾌락을 위해
영원한 몰락을 개의치 않는다

사람은 변덕스럽고 모순된 존재이다. 살기 싫어 죽는 사람보다 죽지 못해 사는 사람이 더 많고, 힘겨워 죽겠다는 사람은 있어도 복에 겨워 죽겠다는 사람은 없다. 물질에 눈이 멀어 꽃보다 금을 아름답게 쳐다보고, '밥보다 사랑이 먼저'라고 말하면서 가슴은 차갑게 식어있다. 갈 길이 멀다고 하면서 어리석음에 발이 묶이고, 할 일이 많다고 우쭐되면서 하찮은 것에 마음을 뺏긴다.

등 따습고 배부르면 죄를 쫓아다니고, 죽기까

지 목숨을 부지하고자 하면서 정작 사소한 일에 목숨을 건다. 붙들고 있는 것이 영원할 것이라 믿기에 눈앞에 있는 것에 집착해 훗날을 등한시하고, 순간의 쾌락을 위해 영원한 몰락을 개의치 않는다. 젊어서는 무서울 것이 없다가도 늙어서는 무섭지 않은 것이 없고, 젊어서는 밤이 모자라 푸념하다가도 늙어서는 밤이 길다고 하소연한다.

사람에게는 동물에게 없는 무서운 요소들이 즐비하다

동물은 사고思考하는 힘과 도구를 활용할 수 있는 능력이 없어 인간의 다스림을 받는다. 그렇다고 사람이 모든 면에서 동물보다 우월한 존재라고 말할 순 없다. 사람 또한 본분을 다하지 못해 미물微物 취급 받는 일이 다반사이기 때문이다. 이들에게는 동물에 없는 무서운 요소들이 즐비하다. 악한 계획을 세우는 마음과, 무죄한 자의 피를 흘리는 손과, 죄를 좇아 성급히 달려가는 발이 그것이다.

이들은 이성 없는 뱀처럼 죄의 티끌을 핥고 사람들과 뒤섞여 들개의 울음소리를 낸다. 독사처럼 날름거리는 세치 혀는 악어의 이빨보다 사납고 자비 없는 손아귀는 불곰의 앞발보다 흉악하다. 양의 탈을 뒤집어 쓴 이리처럼 뱃속에 속임을 준비하고 가증한 몸으로 신성한 곳에 서는 것도 서슴지 않는다.

이들은 그 대가로 여우의 가죽보다 못한 추악한 허물을 악마의 유산처럼 남긴다. 돌이킬 수 없는 죄과는 누군가의 삶에 대물림되어 또 다른 인간을 미물로 둔갑시켜 무고한 자를 사지로 몰아간다. 필리핀 격언처럼 '태어나기는 쉬워도 사람 되기는 어렵다.'

인격은 자신이 누구인지를 나타내는 가장 좋은 지표이다

인간은 순하면서 독하고 유연하면서 완고하다. 고상하면서 천박하고 우월하면서 열등하다. 강하면서 약하기에 바위처럼 단단하다가도 계란처럼 깨지기 쉽다. 인간은 만물의 영장으로 태어나 만물의 주인으로 산다. 흙으로 지어졌기에 다시 흙으로 돌아가는 것을 전제로 산다. 같은 삶은 아니어도 같은 죽음을 염두에 두고 살아간다.

인간은 생명체 중에 가장 난해한 존재이다. 인간조차도 인간을 알지 못해 이치에 어긋나는 모순을 수없이 되풀이한다. 평등을 외치면서 상전 행세를 하고 존엄성을 내세우면서 인권을 짓밟는다. 인간을 신이 빚은 작품이라고 칭송하면서 한낱 폐품 취급을 한다. 그것도 모자라 오만이 극에 달하면 창조주를 대적하고 그래도 성에 안 차면 수많은 신을 만드는 죄악을 범한다. 하늘의 진리는 거역하고 땅의 순리는 역행한다. 인간이란 타고난 죄인이기에 본능을 거스르지 못하는 것이다.

인격이 없는 아름다움은 가시만 남은 장미이다. 눈을 매혹하는 것은 외모지만 마음을 현혹하는 것은 인격이다. 인격이야말로 자신이 누구인지를 나타내는 가장 좋은 지표이다. 그러기에 시인 하이네의 말처럼 '재능은 없어도 인격은 갖추지 않으면 안 된다.'

훌륭한 인격을 지닌 자는 얼굴은 네모여도 둥근 마음을 가지고 있다. 그 마음이 한결같아 찬란하지 않아도 빛이 난다. 속은 인자하고 겉은 온화하여 타인의 불쾌함조차 융해시켜 고귀함으로 발화시킨다. 도끼에 찍혀도 향을 풍기는 향나무처럼 언제라도 삶의 향기를 고즈넉이 내뿜는다.

이들이 추구하는 삶의 가치는 명성에 있지 않고 인격에 있어 스스로 깨닫고 스스로 책임질 줄 안다. 돈과 힘이 주어져도 삶이 속되지 않고 말과 행동에 모순이 없다. 그러기에 그 행위대로 합당한 결과물을 얻는다. 사람들의 입에 오르내리되 폄훼되지 않고 오해의 소지는 있어도 논란의 여지는 없다. 행적을 감춰도 미담美談이 알려지고 초야草野에 묻혀 살아도 삶이 드러난다.

시간을 함부로 쓰는 자에게
시간은 인생의 가장 좋은 때에
최후의 일격을 가한다

시간은 바뀌지만 변하지 않고, 보이지 않지만 움직인다. 시간은 뒤를 돌아볼 줄 모르고 기다리지도 않는다. 시간은 흐름과 동시에 과거를 만들고 미래를 생산해낸다. 그리고 세월의 흔적을 남기고 만물을 창조해 낸다. 시시각각 태어나는 시간에 의해 시시각각 인생이 변한다.

시간을 낭비하는 자에게 과거는 잃어버린 것이고 시간을 활용하는 자에게 과거는 영광스러운 것이다. 시간의 낭비는 곧 인생의 낭비이기에 돈을 낭비하는 것보다 시간을 낭비하는 것이 인생에서는 더 큰 손해이다. 그러기에 시간을 허투루 쓰며 시간이 짧다고 불평하는 자에게 시간은 인생의 가장 좋은 때에 최후의 일격을 가한다. 시간을 함부로 쓰는 것을 죄로 여겨 수치의 증거로 삼는다.

인간은 시간을 잘 쓰기 위해 시간에 대해 생각할 시간을 따로 떼어 놓아야한다. 시간의 중요함을 아는 자만이 인생의 소중함을 안다. 시간은 붙잡을 수는 없어도 시간을 벌 수는 있다. 시간은 아낄수록 늘어난다. 시간이 부족해도 시간을 잘 활용하면 시간은 충분하다. 지혜와 절제는 그것을 가능하게 한다.

시간은 젊음을 빼앗아간 그 자리에 늙음을 갖다 놓는다. 인생의 끝자락에서 시간은 모든 걸 집어삼킨다. 시간은 탄생이란 활시위를 떠나 지금도 죽음의 과녁을 향해 쏜살같이 날아가고 있다. 시간은 너무도 빨라 인생의 속도는 한달음이고 죽음으로 넘어가는데 필요한 시간의 보폭은 한 걸음이다.

95

생명은 보존하는데 마음을 두기보다
소중히 여기는데 마음을 두어야한다

생명은 신이 호흡을 불어 넣은 신령함의 실재이고 존재를 의미하는 가장 강력한 증거이다. 생명은 바람을 마주한 촛불과도 같아 누구도 내일을 장담할 수 없어 목숨을 지키는 것은 목숨을 잃는 것보다 어려운 일이다. 생명은 유한하고 불완전한 것이어서 성가신 그림자도 목숨이 붙어 있어야 따라다닌다. 생명보다 귀한 것은 삼라만상을 통틀어도 없다. 금은보화는 물론 위대한 업적도, 화려한 명성도 생명의 가치에는 미치지 못한다. 그러기에 생명은 빈부귀천貧富貴賤을 막론하여 귀히 여겨지고 값지게 다뤄져야 한다. 사람이 온 천하를 얻고도 제 목숨을 잃으면 아무런 유익이 없는 것이다.

목숨처럼 질긴 것도 없지만, 목숨처럼 부실한 것도 없다. 죽을 고비를 숱하게 넘긴 사람도 사사로운 일로 인해 목숨이 파리처럼 끊어진다. 해는 빨리 뜨면 빨리 지지만, 목숨의 길고 짧음은 정해진 순서가 없다. 생명은 하늘이 준 것이기에 거둬가는 것도 하늘이 하므로 인간은 목숨을 잃는 것에 대한 적절한 두려움을 가지고 살아야 한다.

그럴 때 인간은 생명을 보존하는데 급급하기보다 소중히 여기는데 마음을 두어 지혜롭게 살게 된다. 생명의 소중함을 아는 자만이 몸의 약한 부분까지 사랑하며 윤택한 삶을 영위할 수 있다. 이러한 인생은 숨을 거두기 직전에 후회가 섞인 기나긴 한숨을 내쉬지 않는다.

삶으로 인간의 진면목을 보여주는 것보다 더 나은 거울은 없다

인생의 귀천은 신분과 직업에 있는 것이 아니라 행실과 도리에 있다. 보여지는 모습이 판가름하는 것이 아닌 살아온 삶이 결정짓는 것이다. 삶으로 인간의 진면목을 보여주는 것보다 더 나은 거울은 없다. 그러기에 구별된 삶으로 칭송받는 자는 남다른 면모가 있다. 이들은 이성과 감정을 구분해 상황에 대처함으로 더러움의 손길이 미쳐도 고귀함을 유지한다.

모욕을 참음으로 상대의 마음을 누그러뜨리

고 극한의 상황에서도 고도의 평정심을 유지한다. 온갖 부조리 속에서 절개를 지키고 양심이 부르짖는 소리에 귀 기울이며 사기가 충천할지라도 경솔함을 드러내지 않는다. 실리實利보다 의에 뜻을 두고, 이익을 도모하고자 삶을 그르치지 않으며 부족함을 깨닫되 과욕을 부리지 않는다.

매사 힘보다 덕을 앞세움으로 그 삶이 원한에 가로막히지 않아 강해지고 높아질지라도 세상과 교감하며 타인의 가슴속에서 늙어간다. 이들은 육체가 시들해져도 영혼의 생기를 잃지 않으며 인생의 뒤안길로 사라져도 선명한 삶의 그림자를 남긴다.

97

인생의 무상함을 깨달은 자는 보이지 않는 것을 주목한다

인생은 바람을 만난 구름처럼 언제고 흔적도 없이 사라진다. 하늘과 땅만 영원할 뿐 한 세대가 오면 한 세대는 간다. 해는 떴다가 져서 그 떴던 곳으로 다시 돌아가지만, 인생은 떠나가면 그걸로 끝이다. 아무리 많은 것을 가지고 누려도 세월 속에 묻히면 남는 것은 한 줌의 재이다. 이전 세대를 지금 세대가 기억 못하듯이 지금 세대도 다음 세대가 기억하지 못한다. 구약 성경 〈전도서〉에 기록된 것처럼 인생은 모든 것이 헛되기에 해 아래서 수고하며 얻은 모든 것은 그저 무익할 뿐이다. 인간은 불멸을 꿈꾸지만 때가 되면 어김없이 소멸하는 허무한 존재에 불과하다.

인생의 무상함을 깨달은 자는 보통의 사람들과 다른 삶을 산다. 삶의 헛됨과 덧없음을 알기에 세속적인 것에 얽매이지 않고 유한한 것에 마음을 뺏기지 않는다. 해 아래에서 새로운 것을 찾지 않고 허탄한 것에 눈길을 주지 않으며 화려함에 주눅들지 않고 갑작스런 행운에 들뜨지 않는다. 보이지 않는 것을 주목해 물질의 빈곤보다 영혼의 빈곤을 두려워한다.

인간의 혼은 위로 올라가고 짐승의 혼은 아래로 내려가는 진리를 알기에 하늘에 소망을 두고 영원을 사모하며 순간을 산다. 어둠이 깃들어도 틈을 비집고 비춰오는 한 줄기 빛을 응시하며 의연하게 살다가 평화롭게 눈을 감기를 갈망한다. 지혜의 왕 솔로몬Solomon의 말처럼 지혜로운 자의 눈은 머릿속에 있기 때문이다.

같은 죽음을 앞에 두고
다른 일상을 사는 것이 삶이다

삶은 영원의 관점에서 바라보면 지극히 작은 점點에 불과하다. 인간은 일생을 다 바쳐도 삶의 일부도 알지 못한다. 들여다보되 스며들 수 없고, 근원을 헤아리되 찾아갈 수 없다. 부분만 짐작할 뿐 전부는 가늠할 수 없다. 삶은 무겁게 받아들여도 안 되지만, 가볍게 다뤄서도 안 된다. 집착해서도 안 되지만, 방치해서는 더더욱 안 된다. 삶이란 유지하되 통제할 수 없고 추측하되, 단정할 수 없다. 그러기에 인간의 삶은 비상飛上을 꿈꿔도 완전히 날 수 없고, 균형을 유지해도 온전히 설 수 없다.

삶에는 천하만사天下萬事와 희로애락喜怒哀樂이 깃들어 있다. 시대에 한 획을 그으며 족적을 남긴 것도 삶이지만, 무엇 하나 이룬 것 없이 한평생을 산 것도 삶이다. 같은 죽음을 앞에 두고 다른 일상을 사는 것이 삶인 것이다. 삶은 생의 신비를 더듬어가며 환상에서 깨어나는 것이고 날마다 새로운 국면에 직면하는 일이다. 또한 무언가를 찾아가는 것이고, 어딘가를 향하여 나아가는 일이며, 홀로 와서 누군가와 더불어 살다가 다시 홀로 가는 것이다. 삶은 죽음을 향해 순간을 내딛는 끝없는 과정이며 헛된 욕구를 충족시키기 위한 공허한 여정이다.

인생은 살기 싫어 죽고자 해서도 안 되지만 죽지 못해 살아서도 안 된다. 이러한 비극은 일상의 식상함에 진저리를 치는 자에게 찾아온다. 인간은 살아갈 이유를 모르면 죽고 싶은 이유가 많아지기에 반드시 목적을 가져야 한다. 긴 안목으로 짧은 세월을 내다보며 허무함 속에서 의미를 찾고 덧없음에서 가치를 발견해야 한다. 인생이 왕복이 아닌 편도임을 자각하여 욕망을 채우는 것이 아닌 의미를 채워가고 주어진 상황마다 선한 동기를 부여해야 한다. 자신이 어디로 가는지를 아는 자만이 목적에 이끌리는 유익한 삶을 살 수 있다.

인생에서 허무함을 줄이는 가장 좋은 방법은 무엇을 담기에 앞서 그것의 실체를 파악하는 것이다. 냉철하게 그 속을 들여다봄으로 진실과 다른 허상에 속지 않고 본질을 가리는 거짓과 섞이지 않아야 한다. 이러한 안목을 지닌 자는 확실한 것을 얻기 위해 버릴 것을 결의하고 취할 것을 쫓기 위해 썩어 없어질 것을 탐하지 않는다. 뜬구름과 같은 허망한 것들에 가슴이 부풀지 않고 세속적인 유행의 시류에 영합하지 않는다. 인생의 파란만장함 속에서 꽃을 피우며 살아가는 이들은 잎이 시든 후에 하늘의 별이 된다.

인간은 늙는 줄 알면서도 자신이 늙어가고 있음은 깨닫지 못한다

늙음은 열정이 가라앉고 피가 식어진 시기이다. 인간은 이 시점에 도달하면 의욕과 생기를 잃고 소망을 상실한다. 기억하려고 애쓰기보다 잊지 않기 위해 애쓰고 살아온 날을 헤아리기보다 살아갈 날을 손꼽는다. 지는 꽃을 다시 보지 못할까 두렵고 만남을 기약할 수 없어 슬프다. 백발이 서글퍼 젊음이 그립고 노년이 서러워 마음이 늙는다. 세월 앞에서 아름다움의 덧없음을 알기에 더 이상 단장하지 않는다. 힘이 약해질수록 마음도 약해지기에 처음으로 돌아가 마지막을 기다리고 싶어진다.

늙음의 실체는 현상을 통해 적나라하게 드러난다. 살빛은 어스름하고 손발은 부르트며 등은 굽고 뼈가 헐거워진다. 윤기는 자취를 감추고 속살은 주름이 드리우며 기력은 쇠잔해 쥐는 것은 버겁고 딛는 것은 힘겹다. 눈은 흐리어 사물을 분간 못 하고 귀는 어두워 뜻을 이해 못한다. 씹는 것은 불편하고 소화하는 것은 곤욕이라 어떤 음식도 당기지 않는다. 난데없이 정신이 나가면 가슴이 울렁이고 익숙한 것들도 낯선 것처럼 느껴진다. 하지만 인간은 늙는 줄 알면서도 자신이 늙어가고 있음은 깨닫지 못한다.

병은 모두가 앓는 것이지만 늙어서 찾아오는 병은 회복하기 어렵다. 늘그막에 달려드는 육체의 병은 정신도 병들게 한다. 병은 언제나 놀랄만한 것이어서 겁부터 생기고 한없이 마음을 쓰게 한다. 더욱이 불시에 찾아오는 병이라면 비극의 서막처럼 여겨진다. 심각한 병일수록 그 고통이 피부에 와 닿고 두려움이 가슴에 사무친다. 어떤 병은 정체를 알 수 없는 불쾌한 손이 몸속을 파고들어 내장을 비틀고 쥐어짜는 것만 같아 의식이 있는 것이 한스럽다. 이쯤 되면 누구라도 죽는 줄 모르고 죽기를 소원한다. 허나 병듦조차 삶의 한 부분이기에 죽음의 공포에 휩싸여도 어찌할 도리가 없다. 수백 년을 버텨온 울창한 나무도 고목枯木이 된다면 질그릇과 같은 인간의 몸은 더 말할 것도 없는 것이다. 병이 들어도 늙고 늙어도 병이 들기는 매한가지다.

100

죽음은 산자의 예정된 길이며
삶은 죽음을 전제로 시작된다

인간의 탄생은 만남을 통해 생명의 싹을 틔우고 고통을 통해 그 문이 열린다. 태아는 공간 속에서 피부와 살이 입혀지고 시간 속에서 뼈와 힘줄이 엮어진다. 탯줄을 통하여 온몸이 각 마디로 연결되고 결합되어 그 몸이 자란다. 탄생은 태아가 어둠을 뚫고 빛의 대지에 발을 딛는 장엄한 순간이다. 잉태의 마침이자 최초의 시간이며 거대한 자연과의 첫 호흡이다. 아기의 신성한 울음소리는 천사의 음성처럼 신비로워 만물을 흔들어 깨운다. 울음으로 삶의 시작을 알리며 다시금 알몸으로 돌아가기 위한 기나긴 인생의 여정을 시작한다. 탄생을 기점으로 정신과 육체의 성장을 거듭하며 죽기까지 계속해서 새롭게 태어난다.

탄생은 죽음을 향하는 출발점이자 인생의 결말을 맺기 위한 서두이다. 인간은 죽음을 등에 업고 태어나며 죽음은 산자가 피할 수 없는 예정된 길이다. 삶의 길은 여러 갈래여도 죽음의 길은 한 갈래이다. 삶은 죽음을 전제로 시작되며 죽음으로 삶은 귀결된다. 죽음으로써만이 인간의 삶은 비로소 완성된다. 인생의 찬란함도 눈을 감는 순간 어둠 속에 묻힌다. 하늘만 바라보며 살아온 인생도 땅만 의지하며 살아온 인생도 죽음 앞에서는 다 헛되다. 삶은 같을 순 없어도 죽음은 같을 수밖에 없다.

그럼에도 희망이 있는 것은 죽음은 삶의 끝이 아니다. 죽음의 장막 뒤에는 삶을 장악하는 또 다른 세계가 감춰져 있다. 오직 믿음만이 죽음의 속살을 통과하여 그곳에서의 영원한 시간 속에 머무르게 한다. 이러한 죽음은 어떤 삶보다 영광스럽고 복되어 죽음은 아름다움을 넘어 불멸의 축제가 된다.

에필로그

원고를 쓰면서 글과 삶 사이에서 수없이 괴리감에 사로잡혔다. 나는 말한 대로 살지 못하고, 쓴 대로 실천 못하는 사람이기 때문이다. 티끌만큼의 양심은 있되 도덕적 흠결이 많아 선한 이들에게 메시지를 던진다는 것은 참으로 민망한 일이었다. 부담감을 떨치고자 나를 돌아보는 계기로 삼고자해도 문득문득 솟구치는 양심의 가책은 끝내 억누를 길이 없었다.

좋은 글은 반듯한 생각에서 나오고, 탁월한 책은 훌륭한 삶에서 나온다. 이러한 책들은 죽은 자의 정신이 활자에 깃들어 산 자의 의식을 깨운다. 선한 영향력이 한 인간을 넘어 인류에 미치고, 현세를 넘어 후세에까지 이어진다. 필자의 삶이 그러한 기준에 못 미치고 글 또한 범주 밖에 있을지라도 독자들에게 적은 교훈과 소소한 유익을 줄 수 있다면 무거운 마음이 한결 가벼워질 것이다.

이 책은 발타자르 그라시안Baltasar Gracian의 잠언집의 형식을 빌리되 바탕은 성경을 모티브로 하였다. 인간의 본성은 〈시편〉과 〈욥기〉, 인생의 본질은 〈전도서〉에서 많은 영감을 받았다. 익히 알려진 대로 세계적인 문학작품 대다수가 성경에서 영감을 받아 쓰였다고 해도 과언이 아니다. 그래서 누군가는 성경을 '최고의 교훈적인 역사와 전기, 빼어난 시, 최대의 극적인 효과, 탁월한 웅변, 순결한 철학 등 최고의 모든 문학의 매력이 한데 모인 책'이라고 정의했다. 필자 또한 오랜 세월 성경을 탐독함은 물론 특정 문장들의 반복적인 필사를 통해 사고의 확장과 문학적 소양을 키웠기에 부인할 수 없는 사실이다.

이 책은 기존의 글쓰기 방식과 다르게 써졌다. 필자가 오랫동안 써놓은 개별적인 문장들을 주제에 맞게 선별한 뒤 새로운 문장을 추가하여 수없이 조합하고 배열한 후 각각의 단락을 만들었다. 필시 힘에 부칠 것을 알면서도 차별적인 방식을 고집했던 이유는 오직 완성도를 높이기 위해서였다. 이전 책보다 몇 갑절의 시간과 노력이 필요했던 것을 보니 예상대로 잉태는 쉬워도 출산이 어려웠다. 그럼에도 지면 곳곳에서 아쉬움이 묻어나는 것은 어찌할 도리가 없다.

앞서 문학과 철학이라는 고된 길을 가신 분들에게 감사드린다. 그분들의 주옥같은 글을 가까이 했기에 멀지만 여기까지 올 수 있었다. 시간과 공간을 초월하여 뿌려놓은 수많은 '씨앗문장'들이 아무런 재주도 없는 천한 자의 가슴에 심겨져 풍성한 열매를 맺게 해주었다. 결실에 보답하고자 마음을 불태워 영혼을 비추는 사람이 되고자 힘쓰겠다.

1일 1페이지, 지적 교양을 위한 철학수업

초판 1쇄 인쇄 2022년 3월 18일
초판 1쇄 발행 2022년 3월 28일

지은이 조이현
펴낸이 떠오름

기획 손힘찬
편집 권희중, 최창원
디자인 홍성권
마케팅 김철, 강소희

펴낸곳 **주식회사 떠오름**
출판등록 제2021-000002호(2020년 4월 28일)
주소 서울특별시 서초구 강남대로 479, 비1층 122호
전화 070-4036-4586
팩스 02-6305-4923
홈페이지 www.risebook.co.kr
이메일 tteoreum9@nate.com

값 14,700원
ISBN 979-11-976467-9-9 03100